KB266072

"지친 엄마들이여, 모이세요. 여러분이 만족할만한 선언문이 여기 있습니다. 저자 케이트는 놀랍도록 솔직하고, 한없이 따뜻하며, 자비로우면서도 당당합니다. 이 책은 마음을 위한 요가 세션과도 같습니다."

— 켄드라 아다치, 『게으른 천재 방식』,
『게으른 천재 주방』, 『계획』의 뉴욕타임스 베스트셀러 작가

"양육에 대한 지침과 끝없는 생활 팁이 난무하는 시대에, 저자 케이트는 만족할 만한 삶이 절대 불가능한 목표가 아님을 일깨워 줍니다. 그녀는 상쾌할 만큼 솔직하게, 만족이라는 것이 이미 우리의 불완전한 일상 속에 완벽히 깃들어 있음을 보여줍니다."

— 마퀼린 스미스, 『Welcome Home』의 뉴욕타임스 베스트셀러 작가

"겉보기에는 완벽한 삶처럼 보이지만, 그 속에서 실망을 느낀다고 솔직히 인정하는 것은 용기가 필요한 일입니다. 저자 케이트는 그 용기를 겸손과 연대감을 통해 보여 줍니다. 그리고 그녀의 디즈니랜드에 관한 일화는, 여러분의 모든 가족 여행이 그것과 비교해서 오히려 평범함을 넘어 천국처럼 느껴지게 만듭니다. 이 책은 상쾌한 숨결 같은 존재입니다."

— 엘리자베스 파사렐라, 『Good Apple』, 『It Was an Ugly Couch Anyway』의 작가

"이 책은 아주 직설적인 접근법을 제시함으로써 여러분의 사고방식을 조정하는 데 초점을 맞춥니다. 부족한 것이나 혹은 더 나은 것을 찾으려는 시선 대신, 지금의 상황을 감사히 바라보도록 이끌어 줍니다. 우리에게 균형 잡힌 시각을 제공하며, 스스로 내면의 행복을 키워 삶의 모든 영역에서 평화와 충만함을 느낄 수 있도록 돕습니다."

— 미리암 샌들러, 'Mothercould' 창립자, 『Playful by Design』의 작가

"남과의 비교의 늪에 빠진 사람들에게 이 책은 최고의 지침서입니다. 저자 케이트는 실질적인 조언, 감동적인 이야기, 그리고 자신의 경험과 타인의 경험에서 얻은 풍부한 지혜를 나누어 줍니다. 그녀는 복잡하면서도 아름다운 삶을 걸어가는 우리 모두에게 꼭 필요한 '가장 친한 친구이자 든든한 언니' 같은 존재입니다."

— 켈리 스텀프, 'The Car Mom' 창립자 겸 CEO, 『The Carpool Podcast』 공동 진행자

JUST WISH

케이트 스트리클러 지음 / 서장혁 옮김

저스트 위시

JUST WISH

나를 행복하게 해줄 거라
믿고 있는 거짓말들

봄름

남편 네이트와
첫째 존 로버트
둘째 스카우트
셋째 밀리
넷째 앨버타에게
바칩니다.

목차

한 발짝도 움직이지 않고 지옥에 갈 수 있다. 오직 당신이 부
족한 것에만 집중하면 된다.
죽지 않고도 천국을 맛볼 수 있다. 오직 당신이 가진 것에 기
뻐하기만 하면 된다.

— 제임스 클리어

사람들은 대개 자신이 마음먹은 만큼 행복해진다.

— 널리 에이브러햄 링컨의 말로 알려져 있음[1]

몇 년 전의 생생한 기억이 떠오르네요. 토요일 아침이었
는데, 저는 잠을 좀 더 자고 있었고, 남편이 아이들을 데
리고 던킨 도너츠에 갔다가 크림이 들어간 뜨거운 커피를 사 왔습
니다. 그날 하루 계획은 딱히 정해져 있지 않았습니다. 침대 시트를
갈고(새 시트를 깔 때면 기분이 좋아서 이런 집안일은 싫지 않답니다), 부엌
을 정리한 뒤 뒷마당에 앉아 아이들이 마당에서 노는 모습을 지켜
보고 있었습니다. 그날 아침 내내 온통 만족감이 감돌았습니다. 사
랑하는 집, 가족, 뜨거운 커피가 있었고, 저녁이면 새 침대 시트에

몸을 눕힐 수 있었거든요. 모든 것을 다 가진 셈이었죠.

그리고 나서, SNS를 열었습니다.

화면에 나타난 첫 번째 사진은 라이프스타일 블로거가 자신의 현관(내 것보다 훨씬 멋진)에 앉아 정원을 가꾸기에 딱 어울리는 그런 귀여운 옷을 입고 있는 모습이었습니다.(저는 그때 낡은 티셔츠와 러닝 반바지를 입고 있었습니다). 그녀의 블로그에서 스토리 버블(다음 장면으로 넘어가는 말풍선)을 클릭해 보았습니다. 깨끗한 대리석 주방 아일랜드 위에 놓인 그녀의 커피 잔 사진이 나왔고, 이어서 사랑스럽고 앙증맞은 옷을 입고 노는 그녀의 아이들 사진이 이어졌습니다. 마당을 보니 우리 아이들은 짝이 안 맞는 잠옷을 입고 거의 다 물려받은 크록스를 신은 채 길고양이처럼 보였습니다. 사진마다 내 삶보다 한 단계 더 나아 보이는 삶이 펼쳐졌습니다. 악순환이 시작된 건 그때부터였습니다.

그녀의 현관은 내 것보다 컸고 그녀의 옷은 내 것보다 멋졌으며 그녀 아이들의 옷은 내 아이들 것보다 더 사랑스러워 보였습니다. 거기다 그녀의 부엌은 항상 깨끗하고 아름다워 보였고요.

그녀의 삶은 제 삶보다 더 나아 보였죠.

분명 저보다 더 행복할 거라는 생각이 들었습니다.

그렇게 제 완벽했던 소박한 토요일 아침이 순식간에 사라졌습니다. 고작 앱을 툭 누른지 45초만에.

이게 좀 과하게 들릴지는 모르겠지만, 안타깝게도 이게 제가 이제까지 수많은 날들을 보내온 현실입니다. 제 자신에 대해서는 만족할지 모르지만, 언제나 단 한 장의 사진만으로도 저는 완전히 무너져버리고는 했습니다. 제가 충분하다고 생각했던 모든 것이 더 이상 그렇지 않았고, 저보다 더 많은 것을 감당할 만한 여유가 보이거나 더 많이 여행할 수 있거나 하는, 살짝 앞서나가는 삶을 가진 것 같은 다른 사람들을 보면 질투심을 느끼고는 했습니다. 그들이 저보다 더 행복할 거라고 믿는 거죠. 그럴 때마다 마음속으로 거대한 주방이나 호숫가 별장을 그리기도 하고 심지어 그냥 귀여운 정원 작업복이라도 장만할까 하는 생각도 했습니다.

하지만 계속 스크롤을 내리다 보니 아이티에서 끔찍한 지진이 발생했다는 소식이 눈에 들어왔습니다. 그들의 집들은 인프라가 거의 없거나 아예 없어서 온 나라가 폐허가 되었고 앙상하게 보이는 아이들의 사진과 함께 깨끗한 물을 공급받기 위해 기부해 달라는 호소가 눈에 띄었습니다.

순간 이제까지의 저의 부러움이 열기구처럼 하늘로 솟구쳐 사라져 버렸습니다. 나는 세상에서 가장 운 좋은 여자야! 네 개의 벽이 있는 집이 있고 깨끗한 물도 있어. 우리 아이들은 배불리 먹고 나는 여왕처럼 살아. 이 사람들은 물을 필요로 하는데 여기서 내게 귀여운 정원 작업복은 필요 없어. 그리고 저는 아마존에서 새 정원용 장화를 찾는 걸 포기하고 적십자에 돈을 기부했습니다.

사람은 비극을 목격하면 시야가 완전히 달라집니다. 가까운 친구가 암 진단을 받았을 때 더 이상 자신의 체형을 혐오하지 않게 되는 것과 같은 겁니다. 그저 건강하다는 사실에 감사할 뿐이죠. 뉴스에서 또 다른 총기 사건 소식을 접하면 아이들을 더욱 꼭 껴안게 됩니다. 그날 무사히 집에 돌아왔다는 사실에 감사할 뿐이죠. 타인의 결핍과 상실을 보면 자신의 풍요로움이 어떠한지 선명히 드러나게 됩니다.

이것이 바로 우리의 삶입니다. 사람들로 가득한 바다에 떠다니며, 주변에 있는 이들에 따라 위아래로 흔들리는 것 말입니다.

마음 깊은 곳에서는, 만약 제가 세상 어딘가의 누군가와 무작위로 자리를 바꿀 기회가 주어져도, 그 대답은 매번 '아니오'일 거라는 걸 잘 알고 있습니다. 너무 큰 도박이기 때문입니다. 세계 인구의 절반 이상이 가난 속에 살고 있습니다. 저는 상위 몇 퍼센트에 속하는데⋯ 왜 그런 위험을 감수하겠습니까. 한 걸음 더 나아가 상위 1퍼센트 중 누구와도 자리를 바꾸고 싶겠냐고 묻더라도, 대답은 여전히 '아니오'일 겁니다. 제 삶은 너무나 특별하고 소중해서 다른 것과 바꿀 수 없습니다. 하지만 이렇게 특별하고 소중한데, 왜 종종 더 많은 것을 바라는 자신을 발견하게 되는 걸까요?

수년간 제가 살아온 긴장감은 바로 이런 것이었습니다―내 삶이 선물임을 알면서도 끊임없이 고군분투하며 타인과 비교하는 삶. 현재의 사소한 불편함을 재앙으로, 순간의 욕망을 없어서는 안 될 필요로 착각했던 거죠. 좌우를 살피며 내 삶이 타인과 비교해 얼마나 잘 쌓여 있는 지로 기쁨을 재단하기도 했었습니다. 정말 놀라운 삶을 살았는데도, 여전히 불만족스러운 채 잠자리에 들곤 했고요. 물론, 잠시 동안 효과적인 임시방편도 있었습니다. 잠시 소셜 미디어를 끊거나 하면 제 삶에서 놀라운 일이 생기기도 했지만, 저는 더 영구적인 무언가를 원한다는 걸 알았습니다. 저는 좀 더 구체적인 실천 단계를 갈망했습니다. 제 마음이 깊은 구덩이에 빠졌을 때 무엇을 해야 하는지 누군가 알려주길 바랐고, 점점 더 깊게만 파고 있는 삽을 누군가가 빼앗아 그 구덩이에서 탈출할 사다리를 제게 건네주기만을 원했습니다. 이 갈등이 병이라면, 기도 없이는 절대 싸우고 싶지 않습니다. 동시에 의사가 처방한 약도 절대 거부하지 않을 겁니다. 둘 다 함께 작용해야 치유가 오니까요.

그래서 지난 10년 동안 대부분을 '냅 타임 키친^{Naptime Kitchen}(낮에 아이들이 잘 때 조용히 쓰는 주방)'이라는 인스타그램 계정과 블로그를 운영해왔습니다. 주방 팁과 레시피부터 모성에 대한 생각, 요충 제거법까지 모든 것을 게시해왔죠. 콘텐츠가 정말 다양하기 때문에, 덕분에 다양한 인생 단계에 처해 있는 수많은 여성들을 만날 수 있었습니다. 어떤 이들은 아이들의 배변 훈련 팁을 찾는 젊은 엄마들이었고, 어떤 이들은 쉬운 레시피를 찾는 대학을 갓 졸업한 여성들이었으며, 또 다른 이들은 제 이야기를 통해 자녀들의 정신없던 유아 시절을 추억하는 빈둥지 증후군(자녀들이 성장해서 독립을 한 후 겪는 공허감, 상실감, 외로움을 느끼는 증상)을 겪는 분들이었습니다. 저는 덕분에 감사한 삶과 불만족스러운 삶 사이의 긴장감을 더 큰 차원에서 이해할 수 있었습니다. 이 비교의 덫에 걸린 여성들로부터 수천 수만 개의 댓글과 메시지를 읽어왔습니다. 많은 이들이 저와 매우 비슷한 삶을 살고 있습니다. 자신이 가진 삶보다 조금이라도 더 나은 삶을 은근히 갈망하며 고군분투하고 있죠. 주변을 따라잡으려는 모든 노력 속에서 그들은 이미 지쳐버렸기에, 온라인에서 오히려 더 정상적인 일상을 간절히 원하고 있었습니다. 어수선한 거실과 어질러진 주방 카운터를 보고 싶어 하며, 꾸미지 않은 공간들과 필터링되지 않은 맨 얼굴들을 갈망하고 있죠.

어느 날 저는 남편과 아이들과 함께 〈프리 솔로FREE SOLO〉라는 영화를 보았습니다. 여기서 나온 '프리 솔로 클라이밍'은 등반가가 로프나 하네스 안전장치를 전혀 사용하지 않는 암벽 등반 방식을 말합니다. 이 영화는 서른한 살의 나이에 엘 캐피탄El Capitan의 첫 프리 솔로 등반을 완수한 알렉스 혼놀드의 이야기를 다룹니다. 엘 캐피탄은 요세미티 국립공원에 위치한 수직 암벽으로, 기저부에서 정상까지 3,000피트(참조: 이는 엠파이어 스테이트 빌딩 높이의 두 배가 넘는 수치)에 달합니다. 알렉스가 추락했다면 그게 그의 마지막이 되었을 것입니다. 그를 잡아줄 로프나 하네스가 없었으니까요.

그저 긴 추락 끝에 죽음을 맞이할 뿐이었습니다. 그는 안전 로프를 매고 훈련했지만, 목숨을 걸고 완벽하게 해내야 한다는 마음가짐으로 임했습니다. 실전에서 로프 없이 등반하게 되면, 말 그대로 그의 생명이 자신에게 달려 있었기 때문이었죠. 하지만 그에게 그 위험한 등반은 목숨을 걸 만한 가치가 있었습니다.

이 모험에서 알렉스를 사로잡은 것은 단순히 신체적 도전만이 아니었습니다. 등반을 위한 유연함과 운동 능력, 최선의 방법을 머릿속에 암기해야 할 뿐만 아니라 실패할 때마다 계속 도전하는 정신적 강인함, 홀드나 바위 틈새로 손과 다리를 움직일 때 경험하는 리듬의 아름다움, 바위와 자신의 몸 사이에서 느끼는 연결감과 일체감 등 그 과정 자체도 매력적이었기 때문입니다. 그에게는 신체적 요소뿐만 아니라 정신적 요소도 있었습니다. 정복의 요소("정상에 오르기 위해 목숨을 걸겠다")뿐 아니라 사랑의 요소도 담겨 있었습니다("등반할 때만큼 생생하게 살아있음을 느낀 적이 없다"). 힘들다고 해서 즐거울 수 없다는 법은 없습니다. 영화에서 주인공은 매번 실패할 때마다 성공에 대한 갈망이 더욱 커졌고, 자신이 무엇을 잘못했는지 깨닫고 다음을 위해 교훈을 얻고자 했습니다.

영화를 지켜보는 동안, 주인공 알렉스와 제가 각자의 삶에서 바라는 것에 대해 유사점이 있다는 것에 깊은 인상을 받았습니다. 산은 알렉스에게 올라가야 할 도전이었지만, 또한 그가 붙잡을 수 있는 실질적인 요소(틈새와 발판)도 제공했습니다. 그가 산을 더 깊이 연구할수록 등반 실력은 향상되었고, 산에 대한 사랑도 커져만 갔습니다. 제 삶도 이 비유를 닮은 것 같습니다. 삶 또한 산을 오르는 것처럼 느껴질 수 있지만, 동시에 그 등반 자체를 즐길 수 있는 본질(주변 사람들, 경험, 사고방식, 믿음)을 제공하기도 한다는 것을요.

영화에서 알렉스는 훈련 중 실수를 저질렀습니다. 한 방향으로만 올라가다가, 현재 경로만 고수하면 정상에 도달할 수 없다는 사실을 깨닫곤 했죠. 그래서 그는 되돌아와 새로운 길을 시도했습니다. 저 역시 실수를 저지르고 처음부터 다시 시작해야 할 때가 많았습니다. 내게 중요한 것들을 다시 되새기거나, 내가 원하는 곳으로 갈 수 있는 더 나은 방법을 찾아내야 했습니다. 영화에서 알렉스는 방법이 막혔을 때 잠시 버티며 새로운 계획을 세울 때까지 그 자리에서 기다리곤 했습니다. 마찬가지로 저도 방법이 막혔을 때 가만 앉아서 올바른 진행 방식을 떠올리거나 완전히 새로운 계획을 세워야 할 때가 있었습니다. 하지만 알렉스가 이 불가능할 정도로 힘든 일을 해내는 모습을 지켜보면서—그가 단순히 최종 결과뿐만 아니라 그 과정 자체를 사랑하는 모습을 보며—저도 그런 삶을 원하게 되었습니다. 고된 노력으로 얻은, 다소 거칠고 닳았지만, 제대로 사랑할만한 삶의 질감을 그대로 느끼고 싶었습니다.

그래서 저는 스스로 남과 비교하거나 폄하시키는 느낌이 들 때마다 그것을 극복하기 위해 작은 사고방식이라도 변화해 보려 노력하고 또 실천적으로 적용해보기 시작했습니다. 그리고 그 변화들은 제가 정상을 향해 올라갈 때마다 발판이 되었습니다. 새로운 태도가 서서히 뿌리내리기 시작했고, 세상과도 바꾸지 않을 만큼 제 삶을 꽃피웠습니다.

글을 쓰는 과정에서 저는 제 책을 맡아 줄 에이전트 리사에게 고백했습니다. 나 같은 사람이 '삶을 사랑하는 법'에 관한 책을 쓰는 건 어리석어 보인다고. 저는 사랑이 넘치는 가정에서 자랐고, 훌륭한 대학을 다녔으며, 변호사와 결혼했고, 네 명의 놀라운 아이를 두었으며, 집도 소유하고 있습니다. 제 삶에는 고난이 거의 없었습니다. 하지만 리사는 테이블 건너편에서 저를 다정하게 바라보며 말했습니다. "그런데도 당신은 여전히 자신의 삶을 사랑하는 데 어려움을 겪고 있군요." 네, 그녀의 말이 맞습니다. 그리고 제 생각엔 여러분 중 많은 분들도 저와 비슷한 길을 걸어왔을 거라 생각합니다. 우리의 요구는 충족되고 있고, 아이들은 잘 자라고, 우리는 따뜻하고 포근한 침대에서 잠들지만, 여전히 자신의 삶을 타인과 비교하며 더 많은 것을 갈망합니다.

사랑하는 수많은 여성들의 삶과 제 자신의 삶 속에서 은근히 드러나는 한 문장이 있는데, 그건 세 개의 간단한 단어로 시작됩니다: "단지 바랄 뿐이데…(I just wish…)." 그건 아주 미묘합니다. 여러분은 지금 인생 전체를 뒤엎으려는 것이 아닐 겁니다. 대부분의 바램은 전혀 문제가 없습니다. 단지 집이 조금만 더 컸으면, 통장 잔고가 조금만 더 늘어났으면, 허벅지가 조금만 더 날씬했으면 하는 바램일 뿐입니다. 아이들이 조금만 더 예의 바르고 배우자가 조금만 더 배려심 있었으면… 그럼 삶이 완벽했을 텐데. 저 역시 이 말을 너무 자주 써왔기에 잘 압니다. 안타깝게도 시간이 지나면서 깨달은 건, 비록 엄청난 건 아니지만 이런 작은 불만들이 시간이 지남에 따라 나를 갉아먹어, 제임스 클리어^{James Clear}(《아주 작은 습관의 힘》을 쓴 베스트 셀러 작가)가 말한 것처럼 바로 눈앞에 있는 일상 속 달콤함을 놓치게 하고, "천국을 맛보는" 능력을 잃게 한다는 점입니다. 저는 정말 여러 번 제 지인들을 흔들어 깨우며 늘 소리치고 싶었습니다, "네 삶이 얼마나 놀라운지 보라고, 그걸 그냥 흘려보내려 하고 있잖아!" 이 글을 쓰면서 저는 얼마나 자주 누군가가 제 어깨를 잡고, 제 눈을 똑바로 바라보며, 바로 그 말을 되돌려 말해주길 바랐는지 모릅니다.

이 책을 집어든 분들 중 일부는 정말로 끔찍한 일을 겪고 계신 분도 계실겁니다. 이 페이지에 제가 쓸 수 있는 어떤 말보다도 훨씬 더 많은 보살핌이 필요한 고통과 상처가 있을지도 모릅니다. 병원에 아이가 있거나 암 진단을 받았거나 재정적 위기에 처해 있을 수도 있습니다. 제가 쓰는 글 대부분은 여러분이 처한 현실과 맞지 않을 수도 있습니다. 제가 여러분의 입장이라면, 삶이 완벽해 보이는 사람이 불평하는 모습에 타당한 분노를 느낄 수도 있을 것입니다. 하지만 바로 그게 문제라고 생각합니다. 이미 수많은 사람들이 단지 눈을 뜨고 제대로 바라보기만 해도 실제로 꽤 멋진 삶을 살고 있으니까 말이죠.

이 책은 회고록이 아니라 일종의 작업 일지입니다. 제 삶의 이야기와 실천법이 각각 담겨 있는데, 그것들은 제가 '삶'이라는 '산'을 오르는 동안 스스로 추락하지 않도록 도와주었습니다. 저는 전문가 입장이 아닌, 마치 알코올 중독자가 알코올 중독에 대해 쓸 법한 방식으로 이 책을 썼습니다. 그 고난을 직접 겪었고, 불만과 기쁨을 위해 싸우는 법을 스스로 깨달았기 때문입니다.

그것이 제가 이 책을 쓴 이유입니다. 모두에게 상기 시켜줄 말이 필요하니까요. 저는 여러분을 잘 압니다. DM, 놀이터, 카풀 대기열, 그리고 저녁 식사 자리에서도 늘 여러분을 만났으니까요. 자기 비교와 불만 속에서 행복을 짓누르고 스스로의 정체성을 의심하게 만드는 우리 여성분들. 매일 밤 흘러가는 시간에 쫓기고 일상에 실망하며 무언가 더 나은 삶, 다른 삶을 바라는 우리 여성분들.

그럼에도 불구하고. 여러분은 이미 충분히 가졌다는 걸 스스로 알고 있습니다. 그럼 이제 앞으로 어떻게 살아 나아가야 할까요?

여러분도 저처럼 더 큰 부엌, 더 날씬한 옷 사이즈, 더 반듯한 아이들만 바라며 하염없이 기다리지 않고, 자신의 '산'을 직접 오르는 여정을 받아들이고 싶을 겁니다. 가능합니다. 제 삶에서 실제로 일어나는 걸 직접 봤으니까요.

이 책은 저와 같은 여성들이 저녁 식탁에서 친구들에게 털어놓거나, 어쩌면 혼자 속으로 중얼거리는 가장 흔한 열 가지 "단지 바랄 뿐"인 고민들을 다룹니다. 저 역시 이 열 가지 모두와 씨름해왔고, 각각 얼마나 교묘하게 제 행복을 앗아가는지 잘 알고 있습니다. 제 이야기를 나누겠지만, 여러분을 빈손으로 떠나게 하지는 않을 겁니다. 각 장 마지막에, 제게 도움이 되는 '실천 단계'와 핵심 메시지를 집어내기 위한 '사고 방식 변화'를 제시할 겁니다. '사고 방식 변화'는 1인칭으로 썼습니다. 여러분이 자신을 투영하며 볼 수 있게 거의 매일 되뇌는 확언처럼요. 저도 아직 완벽히 실천하지는 못했지만, 우리에게 절실히 필요한 짧은 문장들입니다. 제 마음속에서 직접 전하는 말들이기도 합니다. 저처럼 지금 코앞의 삶을 더 사랑하고 싶다면, 이 책으로 각자 작은 변화 하나씩을 통해 그곳에 이를 수 있게 되기를 바랍니다.

| JUST WISH |

단지 좀 더 큰 주방이 있었으면

"미녀와 야수"가 주는 위대한 교훈은, 사랑받기 전에 먼저 사 랑해야 한다는 것.

— G. K. 체스터턴, 『정통교리』

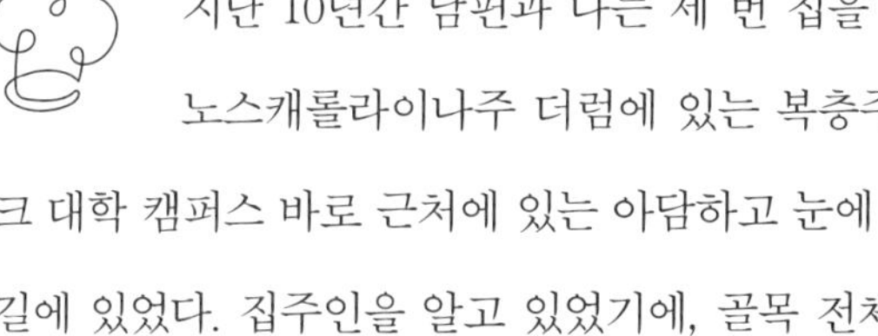 지난 10년간 남편과 나는 세 번 집을 옮겼다. 첫 집은 노스캐롤라이나주 더럼에 있는 복층주택이었는데, 듀크 대학 캠퍼스 바로 근처에 있는 아담하고 눈에 잘 안 띄는 골목 길에 있었다. 집주인을 알고 있었기에, 골목 전체의 잔디를 관리 해야 한다는 구두 계약으로 우리는 두 침실, 두 욕실 아파트를 월 500달러에 살았다. 정말 헐값이었다! 걸어서 듀크 캠퍼스와 던킨 도너츠까지 갈 수 있었고, 근처에는 수영장이 있는 아주 멋진 아 파트가 있었는데 여름이면 몰래 들어가곤 했다. (당당하게 걸어 들어

가면 아무도 의심하지 않는다는 걸 깨달았다!) 주말에는 육체노동이 많았지만 그 외에는 최고였다. 남편은 손수레식 잔디깎이를, 나는 승용 잔디깎이를 맡았고 잡초 뽑기는 교대로 했다. 유일하게 고통스러웠던 때는 가을철이었다. 농담이 아니라, 15야드나 되는 낙엽을 긁어모으고 리프 블로워leaf blower(강한 바람을 뿜어 낙엽을 한데 모으는 정원 도구)로 불어내야 할 때면 우리는 완전히 지쳐버렸다. 길 한복판에서 손에 리프 블로워를 쥐고 너무 힘들어 울면서 낙엽을 한데 모으려 애쓰던 기억이 생생하다.

첫 집의 부엌은 리놀륨 바닥에 플라스틱 조리대가 있었고, 스토브 위 환기구는 추수감사절 칠면조를 튀겨도 될 만큼 기름때가 가득했다. 이사 오기 전, 남편과 친구들이 들어가 청소했다. 우리는 결혼 전까지는 동거를 안 했기에 이곳이 우리가 처음으로 주소를 공유하는 공간이 될 터였다. 친구 메이슨은 카펫 스팀 청소기를 빌렸고, 존 마크와 켈비는 콜라 캔으로 기름기 범벅인 스토브를 닦기 시작했으며, 남편은 작은 복층 집을 우리만의 특별한 첫집처럼 꾸미려고 최선을 다했다. 이사한 후, 나는 부엌을 밝고 상큼한 로빈 에그 블루 색으로 칠하고, 내 결혼 선물로 받은 모든 물건들로 채웠다. 낡고 약간 지저분했지만, 온전히 내 것이었다.

2년 반 동안 그 작은 복층 집이 우리 집이었고, 낡은 리놀륨 주방에서 내가 만든 음식 사진을 찍어 올리기 시작한 곳이기도 했다. 첫째 아들 존 로버트를 출산한 후 병원에서 데려온 곳이기도

하며, 아이가 가장 보채는 시간에 맞춰 미리 음식을 준비해두어
야 한다는 소중한 교훈을 얻은 곳이기도 하다. 아이는 하루에 두
번 낮잠을 잤고, 그 시간에 나는 인터넷을 뒤져 '싸면서도 고급스
러운' 요리를 찾아 새로운 레시피를 시도하곤 했다. 버터와 마늘에
푹 빠져 파니니(일명 이탈리아식 샌드위치)를 완벽하게 만들었고, 카
우보이 캐비어를 스무 가지나 변형해 만들었다. 크로거Kroger(수퍼
마켓 체인)에서 1마일도 채 안 떨어진 곳에 살았기 때문에, 나는 일
주일마다 여러 번 가서 할인 상품을 사거나 꼭 해보고 싶었던 레
시피의 특정 재료를 챙길 수 있었다. 2월의 극심한 추위 속에 처음
으로 리조또를 만들던 날이 기억난다. 우리는 뉴스를 보며 I-40 고
속도로에 차들이 완전히 마비된 모습을 지켜보고 있었다. 수많은
사람들이 집에 가려다 발이 묶인 상태였다. 그런데 우리는 눈 속
에 갇힌 채 집에서 뜨거운 리조또와 트레이더 조의 투벅 척(저렴한
와인) 한 병을 마시고 있었다. 백만장자라도 된 기분이었다. 결국
대형 개발업자가 그 블록 전체를 사들여 작은 복층집들을 모두 허
물고 번쩍거리는 신축 아파트 건물을 짓기로 하면서 우리는 어쩔
수 없이 이사해야 했다. 스트리클러(작가명)표 잔디 관리 서비스는
더 이상 필요 없게 되었다.

거기서 우리는 더럼의 콘월리스 로드에 있는 임대 주택을 찾
았다. 침실 세 개에 주방이 넓은 거실로 연결되어 있었고, 식사 공
간과 세탁실(무려 세탁 전용 방!)까지 갖춰져 있었다. 바닥은 카펫 대

신 나무 마루였고, 울타리로 둘러싸인 뒷마당도 있었다. 1400평방 피트(약 130m²) 규모였는데, 마치 엄청난 저택 같았다. 부모님은 크리스마스 선물로 피크닉 테이블을 사주셨고, 뒷마당 파티오에 앉아 그 곳에서 저녁을 먹던 수많은 밤이 기억난다. 이 집은 번화한 도로에 위치해 있었기에, 아빠는 첫째 아이를 현관 앞에 가둬둘 수 있도록 작은 나무 문을 만들어 잠글 수 있게 해주셨다. 매일 오후마다 우리는 이 현관에 앉아 학교 버스가 지나가기만을 기다렸다. 보통 버스가 보이기 전에 소리가 들리곤 했는데, 그때면 나는 "버스… 버스… 버스"라고 외치기 시작했다. 점점 목소리가 커지고 말도 빨라지며 마치 영화 〈죠스〉 주제가 같았다. 버스가 지나가면 우리 둘 다 환호하며 박수를 쳤고, 다음 버스를 기다렸다. 아이는 이걸 즐겼고, 나는 남편의 귀가를 기다리는 동안 손쉽게 시간을 보낼 수 있는 일들이 있어서 정말 감사했다.

남편이 로스쿨을 마친 후 우리는 그가 변호사로 첫 직장을 얻은 사우스캐롤라이나주 찰스턴으로 이사했다. 첫째 아이 존 로버트는 두 살, 둘째 아이 스카우트는 6개월이었고, 나는 친정과 더 가까워지고 싶어 안달이 났다. 우리는 웨스트 애슐리에 집을 샀는데, 그곳 주방은 우리가 경험해 본 것 중 가장 훌륭했다. 조리대는 화강암이었고, 캐비닛은 부드러운 닫힘 힌지가 달린 흰색이었으며, 스토브는 가스식이었다(가스 스토브! TV에서 보던 전문 요리사들처럼!). 그 공간에 들어가게 되어 정말 신났었다. 남편의 회사가 포장

　　　　　　　　　　　　　　저스트 위시 JUST WISH

및 이사 비용을 모두 부담했고, 이사 트럭이 새 집에 도착한 날 이모들이 이사 준비를 도와주러 와 있었다. 이모들은 내 부엌 물건을 전부 풀어주셨고, 제대로 정리해 주시면서 내가 원하는 위치가 아니면 언제든지 옮겨도 된다고 말씀하셨다. 내 접시를 스토브 아래 서랍에 넣어두셔도 사실 전혀 상관없었다. 나는 그저 이모들의 능숙한 일처리에 압도당했고, 도움에 감사할 뿐이었다.

그 주방에서 6년을 보냈는데, 물론 몇 가지는 자리를 옮겼지만 대부분은 그대로 두었다. 물론 그 주방을 좋아했지만, 요리 도구들을 모두 담기엔 공간이 좁았다. 샐러드 볼은 거실 찬장에, 호일과 여분의 뚜껑이 있는 용기들은 세탁실 찬장에, 푸드 프로세서는 복도 끝 찬장에 각각 보관되어 있었다. 각 물건의 위치를 나는 잘 알지만, 누군가 인스턴트 팟을 찾으려 한다면 아마도 몇 시간은 걸릴 참이었다. 정말 웃기지만, 침실을 제외하면, 집 안의 모든 옷장마다 최소한 하나의 주방용품이 들어 있었다고 생각하면 된다.

가족이 늘어나면서 우리는 집의 모든 공간을 최대한 활용했다. 증축을 하고 침실을 재구성했다. 각 수납장의 최적 기능을 고민하며 셀 수 없이 많은 시간을 보냈다.

비밀을 하나 말하자면, 나는 이미 살고 있는 집을 사랑스럽게 꾸미는 것에 진심이었다. 더 큰 걸 갖고 싶어 안달하지도 않고, 있는 공간을 즐기면서, 그 공간이 제 역할을 제대로 하도록 만드는 것 말이다. 그래도 솔직히 더 큰 주방 하나만 있었다면 내 삶이 훨씬 즐거워질 것 같기는 했다.

우리 집 벽에는 더그 스톤의 노래 "작은 집들" 후렴구 가사가 적힌 인용문이 걸려 있었는데, '작은 집이 바로 사랑이 꽃피는 곳'이라는 내용이었다.

벽에 걸린 그 명언을 볼 때마다 그렇게 말하고는 했다. 우리 가족을 가깝게 만드는 데는 벽의 크기보다 훨씬 더 큰 것들이 작용한다고. 하지만 사실 지난 수년간 그 말은 단지 내가 가진 공간이 훌륭하다고 느끼게 만드는 스스로의 위안에 불과했다. 그 명언은 내가 우리의 좁은 공간을 합리화하는 수단이었고, 내 집보다 더 크고 미적으로 더 만족스러운 집을 가진 이들에 대한 나의 질투를 달래는 방법이었다.

아마 여러분도 이런 기분을 느껴본 적이 있을 것이다. 더 큰 주방을 원하는 게 어리석거나 속물적이라고 생각하지 말아 주셨으면 한다. 우리 대부분은 이 책에서 다룰 주제들—풍요로운 결혼생활, 더 많은 돈, 더 단단한 친구 관계 등—을 원한다. 하지만 많은 이들에게 주방이라는 자체는 편안함, 아름다움, 만족감을 상징한다. 소셜 미디어는 우리에게 아름답고 반짝이는 주방을 보여준다. 행복한 아이들이 카운터에 서서 엄마와 함께 집에서 만든 쿠키를 만들고 있는 모습. 주방이 중요한 이유는, 그것이 실제로 존재하는 것보다 훨씬 더 많은 의미를 지닐 수 있는 공간이기 때문이다. 주방은 가정의 중심, 가족의 심장, 숙제부터 식사 준비까지 모든 일이 이루어지는 공동 공간으로 여겨진다. 아름다운 주방은 아름다운 집, 아름답게 차려진 저녁 식사, 아름답게 계획된 파티, 아름다운 가족, 그리고 완벽하게 아름다운 삶을 상징하게 되었다. 넓은 주방이 삶의 모든 문제를 해결해 주진 않겠지만, 오후 5시가 돼서 아이들이 발밑에서 울부짖고 있을 때, 저녁밥을 대충 차려야 하는 상황에서는 그 여유 공간 하나가 진짜 삶을 좀 더 편하게 해줄 것 같긴 하다.

나는 공간이 어떻게 기능하는지에 항상 관심이 있었다. 디자인과 아름다움을 사랑하지만, 기능성이 나의 가장 큰 관심사였다. HGTV 프로그램은 모두 즐기지만, '작은 집, 큰 삶' 프로가 가장 마음에 들었다. 아주 작은 공간을 최대한 활용하는 모습을 보는 건 정말 만족스러웠기 때문이다. 지난 여름, 아름다운 집들로 가득한 인테리어 디자인 책을 새로 구입했다. 그 책을 산 이유는 우리 집의 기본적인 기능 이상의 영감을 얻기 위해서였다. 디자이너가 어떻게 공간을 꾸몄는지 보고 싶었다. 책을 펼치자 맞춤 제작된 커튼과 캐비닛, 넓은 주방, 게스트 스위트까지 갖춘 화려한 집들이 눈에 들어왔다. 그런데 이상하게도 내 집과 비교해서 전혀 부럽지가 않았고, 디자이너의 작업과 거리가 느껴졌다. 그녀는 실력 있는 인테리어 디자이너였고, 그녀의 고객들은 여름 별장에 수백만 원은 물론 수천만 원을 투자할 수 있는 사람들이었다. 이 디자이너가 완벽한 집들에서 자신의 최고 실력을 선보이고 있다는 걸 알기에 그 페이지들을 편하게 감상할 수 있었다. 그 집들은 내 집보다 크고 예산도 내 것보다 훨씬 컸다. 인테리어 디자인을 위해 만들어진 책을 펼친다는 건 마치 소설 이야기 속으로 들어가는 기분이 들었다. 아름답지만, 내 삶은 아니었다. 비교하기엔 너무나 먼 세계라 오히려 마음 편히 즐길 수 있었다.

그런데 이상하게도 그 거리감은 온라인에서는 잘 통하지 않는다. 내가 아는 지인들의 사진이 알고리즘을 통해 낯선 인플루언서들 사진과 너무 붙어서 보여지니까 내 머릿속이 뒤엉키고 혼란스러워지기 시작한다. MTV 크립스MTV Cribs(MTV에서 방영된 유명인들의 호화로운 집 내부를 투어 형식으로 보여주는 리얼리티 프로그램)를 볼 때 그런 감정을 느낀 기억은 없다. 물론 버스타 라임스는 부엌에 온수 욕조를 두고 있지만, 그는 버스타 라임스잖아! MTV 크립스 시대가 끝나고 '카다시안 가족 따라잡기' 같은 리얼리티 TV가 등장했지만, 나는 여전히 자신을 비교할 만큼 어리석지 않았다. 나는 케이트이고, 그녀는 카다시안이다. 우리는 같은 사람이 아니기 때문이었다.

미국 주간지 'US 위클리'에는 예전에 "스타들! 우리와 똑같아요!"라는 코너가 있었는데, 유명인들이 '평범한 사람들처럼' 행동하는 모습을 보여주곤 했다. 테일러 스위프트도 나처럼 장을 봐요! 마크 저커버그도 나처럼 개 산책을 시켜요! 비욘세도 아이들과 영화 보러 가잖아, 나처럼! (영화관 전체를 비우고 비공개 상영을 했는지는 확인할 수 없지만, 그 순간 비욘세는 평범해 보였다.) 바로 그런 점이 우리가 좋아하는 거다. 우리와는 너무나 동떨어져 보였던 이들이, 비록 파파라치에 잠깐 포착된 순간일지라도 평범해 보인다는 사실 말이다.

그러나 소셜 미디어는 정반대의 역할을 한다. 평범한 사람들을 거의 유명인에 가까운 기묘한 영역으로 급속히 끌어올린다. 여기서 내 마음이 갈등한다. 내가 줄리아 로버츠 같은 삶을 살 수 없다는 건 쉽게 인정한다. 하지만 콜로라도에 사는 네 아이 엄마는 어떨까? 평범한 일반인인 우리는 꽤 비슷해 보이지만, 그녀의 집은 내 집보다 세 배나 크고 주방 카운터에는 얼룩 하나 없다. 솔직히 말해, 이건 진짜 소셜 미디어 문제가 아니라 내 문제다. 소셜 미디어가 이를 악화시킨다고 생각할 뿐이다. 수백, 아니 수천 명의 새로운 사람들을 따라, 새로운 집 안을 엿볼 수 있는 창을 열어주는 것은 우리 할머니 세대에는 없었던 일이다. 할머니는 가까운 친구들의 집을 가끔 보았을 것이고, 그냥 아는 사람들의 집은 더 드물게 보았을 것이다. 반면 우리는 매일 완전히 낯선 사람들의 집을 볼 수 있다.

생각해 보면 공간은 정말 상대적이며, 대개 일종의 방정식과 같다. 비용을 결정하는 것은 공간에 위치가 더해진 값이다. 노스캐롤라이나 주 샬럿 외곽의 3천 평방피트(약 279m²) 주택은 뉴욕시의 1천 평방피트(약 93m²) 아파트보다 저렴하다. 사우스캐롤라이나 시골에는 센트럴 파크 크기의 땅을 소유한 사람들이 살고, 몬태나에는 델라웨어 주보다 넓은 땅을 가진 사람들도 있다.

공간이 부와 밀접한 관련이 있다고는 하지만, 나는 완전히 별개의 문제라고 생각한다. 어떤 사람들은 위치를 위해 공간을 포기하고, 또 다른 사람들은 공간을 위해 위치를 포기한다. 많은 사람들(나를 포함해서)은 몇 년 뒤에 이사할 생각으로 집에 들어갔다가 이웃들과 친해져 떠나기 싫어지거나, 금리가 너무 높아져서 꼼짝 못하게 된다. 그래서 공간을 재배치하고 확장하며 미니멀리스트가 되기로 다짐하며 모든 것을 해결하려 한다. 공간은 주변 사람들과의 관계에도 매우 상대적이다. 내 친구 린지는 퀸즈에서 1600 평방피트(약 148m²) 아파트에 네 식구가 살고 있다. 거실은 주방이자 가족실이다. 하지만 침실이 두 개나 있다! 퀸즈에서는 사치이다. 퀸즈에서 린지의 공간은 넉넉한 편이다. 하지만 린지 가족을 찰스턴의 같은 아파트에 살게 하면, 사람들은 너무 비좁다며 이사하라고 할 것이다.

나에게 공간은 항상 불안과 깊이 연결되어 있었다. 불안할 때 나는 도피처로서 더 넓은 공간을 갈망했다. 깔끔한 조리대와 시각적 혼란함이 없는 곳을 원했다. 내 몸이 숨 쉬는 데 어려움을 겪으면, 말 그대로 더 넓은 숨 쉴 공간이 필요했다. 하지만 역설적이게도, 불안할 때면 나는 혼자 있고 싶지 않았다.

내가 자란 집은 컸지만, 초등학교 6학년 때 한쪽에 대대적인 증축을 했다. 그 결과 부모님은 집의 또 다른 '한 구역'을 가지게 되었다. 부모가 된 지금, 그 마음을 완전히 이해한다. 우리 부모님도 네 아이를 키우며 긴 하루를 보낸 후 쉴 수 있는 공간이 필요하셨던 거다. 이 리모델링으로 나는 내 방을 갖게 되어 더 이상 동생과 방을 함께 쓸 필요가 없어졌다. 내 방이 생긴 건 좋았지만, 나는 쉽게 겁을 먹었고 부모님 방이 더 가까웠으면 했다. 부모님 방은 집 반대편에 있었고, 납치범이 나를 데리러 온다면 내 비명 소리를 들을 수 있을지 매우 의심스러웠다.

그 리모델링이 아무리 멋졌어도, 예전에 함께 쓰던 작은 공간이 그리웠던 순간이 여러 번 기억난다. 동생 안나와 함께 싱크대에서 이를 닦던 일, 무서울 때 알버트 방에 슬쩍 들어가던 일이 그리웠다. 대학 시절 친구 코트니 집에 머물렀을 때, 집의 모든 침실이 2층에 아늑하게 모여 있는 걸 발견했다. 그 안전하고 아늑한 느낌이 정말 좋았다. 재미있는 건 코트니는 분명히 더 큰 집을 원했다는 점이다. 내가 친밀함을 느꼈던 공간을 그녀는 답답함으로 여겼다.

❧

찰스턴으로 이사 와서 교회에 다니기 시작했을 때, 교회 여성분들과 함께 부활절 달걀 찾기 행사에 초대받았던 기억이 난다. 나는 새로 온 사람이라 아는 사람이 많지 않았지만, "제임스 아일랜드에 있는 메그의 집"으로 간다는 말과 함께 주소를 받았다. 메그는 네 아이의 엄마였고, 겉으로 보기에 교회에서 아주 멋지고 유명한 여성으로 보였다. 집에 도착했을 때 무엇을 기대했는지는 모르겠지만, 생각했던 모습은 아니었다. 메그는 잘라낸 청바지 반바지에 티셔츠 차림이었다. 아이들은 온갖 야외 장난감을 가지고 집안을 휘젓고 다녔다. 안으로 들어가니 메그의 집은 바닥부터 천장까지 생기와 혼란으로 가득했다. 복도를 따라 가족실로 이어지는 벽면 전체가 아이들의 그림으로 가득했는데, 서로 다른 액자에 담긴 작품들이 복도를 따라 흘러가듯 걸려 있었다. 아이들 방은 특별히 깔끔하거나 테마가 있는 것도 아니었다. 각자 좋아하는 것을 상징하는 포스터와 담요, 봉제인형이 놓여 있었다. 하지만 가장 눈에 띈 건 주방이었다. 메그의 주방은 아주 작았다. 캐비닛은 꽉꽉 차 있었고 냉장고는 평범한 타입이었으며 저녁을 준비할 공간조차 턱없이 부족해서 아일랜드 식탁이나 바 스툴을 놓을 여지는 꿈도 꾸기 힘들었다. 잡지에서 보는 전형적인 손님맞이용 집은 아니었다.

점심 무렵, 메그는 아이들을 위해 치킨 필라 플래터를 내놓았고, 그 후 그녀의 아주 작은 주방에서 내가 먹어본 최고의 샐러드 중 하나를 준비했다. 커다란 나무 그릇 가장자리까지 가득 찬 상추, 풍미가 가득한 피스타치오와 오렌지 조각들이 들어 있었다. 신선한 아보카도와 내가 맛본 것 중 가장 부드럽고 꿈결 같은 드레싱이 어우러졌다. 천국이었다. 다른 친구들도 각자 음식을 가져왔지만, 내가 정말로 기억하는 건 그 샐러드뿐이었다.

메그의 집을 떠나며 나는 내 집을 더 사랑하고 온전히 내 것으로 만들어야겠다는 새로운 결심을 했다. 벽을 아이들의 그림으로 채우고 아이들이 원하는 대로 방을 꾸밀 수 있는 자유를 허락하기로 했다. 내 집이 메그의 집처럼 느껴지길 바랐던 게 참 이상했다. 완벽하거나 깔끔하거나 정돈된 곳은 아니었지만, 따뜻하고 포근했으며, 숨을 쉴 수 있고 아이들이 마음껏 즐길 수 있는 공간이었다. 그녀의 집 전체가 '이것이 바로 우리다'라고 하는 당당한 기운으로 둘러싸인 듯한 느낌이었다. 그녀가 만든 공간은 대대적인 리모델링이나 새 가구가 필요 없었지만, 분명 노력이 들어갔다는 것을 알았다. 그녀는 집이 어떠해야 한다는 일반적인 기준에 더해 자신이 원하는 모습으로 은유적 해머질을 하려 노력했다. 그녀가 결국 원하는 대로 그걸 해냈다는 것이 느껴졌는데 손님을 초대할 때 한 번도 집 상태에 대해 사과하지 않고 행복해했기 때문이었다. 메그에게 집은 가족과 분리된 게 아니라 그들이 어떤 사람들인지 살아 숨 쉬는 표현이었고 그녀는 사람들을 집으로 초대하는 것을 기뻐했다. 나의 고모—우리가 엘렌 고모라고 부르는 분—가 떠올랐다. 할아버지가 돌아가신 후 할머니는 점점 크리스마스 가족 모임을 열기 힘들어하셨다. 그때 엘렌 고모 집이 크리스마스 가족 모임의 새로운 장소가 되었다. 이 시기에는 친척 가족들이 본격적으로 자녀를 낳기 시작했다. 해마다 아기와 걸음마를 배우는 아이들이 늘어나며 고모의 집은 서서히 혼란에 빠졌다. 걸음마를 배우는 유아들의 맹공에도 엘렌 고모는 항상 환하게 웃고 계셨다. 나는 여러 번 고모의 집이 얼마나 환영받는 곳인지, 얼마나 아늑하고 안전하게 느껴지는지 말해 드렸다. 고모는 자신의 물건들을 대수롭지 않게 여기는 것 같았다. 어쩌면 특별히 신경 쓸 만큼 아주 소중한 물건(어린아이가 쉽게 닿을 수 있는 것들은 적어도)은 이미 없앤 후였는지도 모르겠다. 우리가 거기 있는 내내 그녀는 여유로웠고, 소파에 앉아서 그녀의 유명한 피멘토 치즈를 좀 먹어보라고 권하기까지 했다.

나 역시 부모님에게서 같은 열망을 목격했다. 손주들이 생기기 시작하자 자주 보고 싶어 하셨고, 그 열망을 반영한 집을 꾸미기 시작하셨다. 침실 하나를 아기방으로 바꾸고 아기 침대와 기저귀 교환대까지 갖췄었다. 집안 곳곳에 기저귀를 비축해 두셨고, 아기 모니터까지 구입하셨다. 아이들이 배변 훈련을 시작하자 유아용 변기도 구입하셨다. 집에는 여전히 아름다운 물건들이 가득했지만, 어머니는 가장 소중한 작품들을 아이들의 손이 닿지 않는 곳으로 옮기고 커피 테이블 위의 깨지기 쉬운 물건들을 치우셨다. 그들의 집은 그들이 처한 삶의 계절과 그들의 바람을 반영했고, 그 방식은 효과적이었다. 지금은 어느 날이나 부모님 댁에서 형제자매 중 한 명을 만날 수 있다. 어른들은 부엌에서 이야기를 나누고, 손주들은 부모님이 설치한 놀이방이나 놀이 시설에서 놀고 있다. 이 모든 집들은 공통점이 있다. 각각의 삶의 계절을 반영했고, 거기에 사는 사람들을 가장 잘 섬기는 방식으로 기능했다. 공간이 거기에 사는 사람들을 섬겼지, 사람들이 공간을 섬겨야 한다는 느낌을 주지 않았다. 메그의 아이들은 자신들의 작품으로 가득한 벽 덕분에 존중받는 느낌을 받았다. 나는 엘렌 고모의 아늑한 거실에서 환영받는 기분이 들었다. 우리 아이들은 지금도 할머니, 할아버지 댁에 가자고 조른다. 이 모든 공간들은 우리가 갈망하는 감정, 즉 환영받는 느낌과 소속감을 만들어냈다.

이런 점을 염두에 두고, 나는 집이 어떻게 보이는 지보다 어떻게 기능하는지에 더 집중하기 시작했다. "이게 잡지 표지처럼 보이나?" 대신 "이게 우리 가족에게 잘 맞나?"라고 스스로에게 묻기 시작했다. 그리고 천천히, 내가 생각했었던 집의 모습과는 달리 부끄러움 없는 우리만의 공간을 만들어가면서, 그곳은 나에게 더욱 사랑스러운 공간이 되었다. 우리가 그 집에서 살면 살수록, 그곳은 우리의 정체성과 가치관을 더욱 잘 반영해 주었다. 우리 집은 마치 나무토막같이 내게 맞지 않는 부분은 깎아내고 긁어내며 점점 내게 맞는 공간을 만들어냈다. 내가 직접 다듬고 내 것으로 만들수록, 나는 점점 더 그 집을 사랑하게 되었다. 시간이 흐르면서 나는 확신하게 되었다. 집은 사랑받아야 사랑스러워진다는 것을. 집은 사용되어야 비로소 집처럼 느껴진다는 것을.

이 첫 깨달음을 얻은 지 몇 년 후, 두 가족이 아이들과 함께 찰스턴에 우리를 찾아왔다. 한 가족은 우리 집에 머물렀고, 다른 가족은 근처 에어비앤비에 묵었다. 11월치고는 유난히 따뜻했고, 우리는 밖에서 가장 아름다운 하루를 보냈다. 그런데 기온이 급격히 떨어졌고, 토요일이 되자 추운 비가 내렸다. 그래서 우리 집이 주말 내내 모이는 장소가 되었다.

한때는 모든 곳이 물건으로 가득 찼다. 컵은 여기저기 널렸고, 더러운 접시들, 주인을 잃은 양말들, 신발들은 바닥에 뒹굴고 있었고, 방마다 옷들이 흩어져 있었다. 내 작은 주방은 순식간에 음료와 피자, 그리고 한 사람이 먹을 수 있는 양을 훌쩍 넘는 간식들로 가득 찬 그랜드 센트럴역 대합실처럼 되어버렸다. 우리는 감자칩과 퀘소와 함께 마실 마가리타를 만들었다. 아침에는 베이컨과 계란을 요리했고, 점심에는 급하게 땅콩버터와 젤리를 준비했다. 아이들이 쏟은 물을 닦느라 모든 걸레를 다 써버렸고, 결국 컵 사용을 미리 관리하기 위해 머리를 써서 각자 컵에 검정 마커로 각자의 이름을 적었다.

정말 공간이 더 필요했다. 그 순간 진심으로 넉넉한 바 스툴이 놓일 거대한 카운터 탑을 원했고, 시끄럽고 활발한 아이들을 쫓아낼 2층도 갖고 싶었다. 친구들에게는 공간이 더 없어서 미안하다고 사과하고 싶었다. 하지만 시간이 지난 후 그 주말을 돌이켜 볼수록 깨달았다. 그때 우리가 가졌던 공간은 그때 우리가 함께했던 풍요로움을 결코 가로막지 않았다는 것을. 그 날 우리 집은 그 존

　　　　　　　　　　　　　　　　　　　　저스트 위시 JUST WISH

재 이유를 충실히 수행하고 있었다. 사람들을 품고, 짝이 안 맞는 양말과 컵들을 받아주며. 더러워지고 정리되고 또 더러워지는 과정 속에서도, 모든 불완전함 속에서도, 그곳은 가장 잘하는 일을 하고 있었다. 사람들을 한자리에 모으고, 먹여 살리며, (안식처라는 말 그대로) 폭풍우로부터 그들을 보호하는 일 말이다.

엄마로서, 갑자기 생긴 얼룩과 엎질러진 자국을 성가신 것이 아니라 삶의 흔적으로 보는 건 달콤한 자유이다. 그리고 사람들이 집에 찾아오면 깨닫게 된다. "이런 것들에 대해 사과할 필요는 없어. 나는 박물관에 사는 게 아니니까. 나는 다섯 명의 다른 인간과 함께 살고 있으며, 그중 네 명은 아홉 살 미만이야. 벽에는 손자국이, 바닥에는 긁힌 자국이 생길 수밖에 없어."

여름 동안 집에서 회사 웹사이트용 사진을 찍기 위해 사진 촬영을 진행했다. 전문 사진작가와 조명 담당자가 함께했는데, 두 분 덕분에 주방이 정말 꿈결 같은 분위기로 연출되었고 사진 결과물이 너무 마음에 들었다. 하지만 촬영이 끝나자마자 일상생활에 필요한 숨겨놓았던 물건들을 다시 꺼내놓았다. 식료품 목록이 서랍에서 다시 나왔고, 아이들 컵이 카운터 위로 돌아왔다. 커피메이커는 믹서기와 함께 제자리에 다시 놓였다. 사진들과 아이들의 성적표는 다시 냉장고에 붙여졌다. 웹사이트용 사진들을 위한 깔끔한 공간이 좋긴 했지만, 자주 사용하는 물건들이 필요한 자리로 돌아가고 우리 부엌을 특별하게 만드는 모든 것들이 다시 모습을 드러내자 비로소 안도감이 밀려왔다. 아이러니하게도 처음엔 불안감을 준다고 말했던 것들이 오히려 위안을 주었다. 아마도 그것들이 바로 내 집을 내 집답게 만드는 것들이기 때문일 것이다. 우리에게 소속감을 주는 것들이니까.

우리 집 크기, 특히 부엌 크기에 여전히 고민이 많다. 솔직히 말하면, 조금만 더 넓었으면 훨씬 수월할 거라고 항상 생각할 것 같다. 지금은 집을 꾸미고 예쁘게 만드는 법을 배우고 있지만, 그 일에 완전히 사로잡히지 않도록 노력 중이다. 아이들이 편안히 쉬고 쉴 수 있는 공간을 유지하면서도 좋은 물건들을 가질 수 있는 방법을 배우고 있다. 어떻게 될지 확신할 수 없고, 양측 모두 많은 양보가 필요할 테지만, 그래도 괜찮다고 생각한다. 우리 집은 모두가 사용법을 배우는 도구다. 존중해야 할 방식도 있고, 조금 흠집이 나도 괜찮은 방식이 있다. 그런 흔적들은 집이 제 역할을 잘 하고 있다는 증거이다. 사용할수록 더 좋아지게 되고, 사용되기 때문에 더 아름다워지고, 사랑받기 때문에 더 사랑스러워진다.

사고 방식 변화 내 집은 내가 처한 삶의 계절을 반영하는 도구다. 스타일이나 크기에 상관없이 환영받고 소속감을 느끼게 해주면 된다.

-------------------------------- **실천 단계** --------------------------------

1. 공간 문제로 고민한다면, 그것은 결코 사소한 일이 아니라는 걸 알아주길 바랍니다. 우리의 공간은 삶에 엄청난 영향을 미칩니다. 결국 집이니까요. 우리는 이 벽 안에서 살고, 잠을 자고, 식사를 합니다. 아이들도 여기서 살고 친구들을 초대하고 싶어 하죠. 또한 공간을 늘리는 건 하룻밤 사이에 이루어지지 않습니다. 공간이 지나치게 신경쓰이거나 어수선하게 느껴진다면, 큰 수납함을 몇 개 준비해 가능한 한 많은 잡동사니를 치우세요. 수납함에 넣어두고 필요할 때만 꺼내 쓰세요. 6개월 후 남은 물건들을 살펴보고, 그중 놓친 게 있는지 확인하세요. 없다면 기부하는 것도 고려해 보세요.

2. 켈리 햄튼(@ETST, 인스타그램)은 2022년에 지난 20년간 가장 사랑받았던 영화와 TV 프로그램들을 살펴보며 특히 그들의 주방을 살펴보는 활동을 했습니다. 각 주방에서 가장 눈에 띈 것은 얼마나 아늑하고 독특한지였습니다. 대부분은 크지 않았고, 《휴일》에 나오는 아만다 우즈의 깨끗한 캘리포니아 주방을 제외하면 특별히 깔끔하거나 정돈된 곳은 없었습니다. 하지만 그조차도 메시지를 전달하려는 의도였던 듯합니다. 아만다 우즈의 삶이 무너지고 있었고, 깨끗한 주방과 거대한 집에도 불구하고 그녀는 그냥 도망치고 싶어 했으니까요. 올해 좋아하는 프로그램을 볼 때 주방을 유심히 봐보세요. 가장 돋보이는 건 뭘까요?

3. 주방은 집안에서 정말로 한계를 마음껏 넘어도 된다고 믿는 공간입니다. 저는 여분의 식품 용기와 거의 사용하지 않는 조리기구를 세탁실에 보관합니다. 필요할 때 찾을 수 있는 위치에 두고, 평소에는 소중한 주방 공간을 차지하지 않게 하죠. 기억하세요, 집은 여러분이 필요로 하는 대로 사용할 수 있는 공간입니다. 찬장 공간이 부족하다면 전기 요리 기구는 정말 현관 옷장에 두어도 됩니다.

4. 제가 깨달은 건, 집 안 작은 구석들이야말로 차분하고 정돈된 느낌을 주는 곳들이라는 겁니다. 마이퀼린 스미스Myquillyn Smith(『하우스 룰즈』, 『더 네스팅 플레이스』, 『코지 미니멀리스트 홈』의 저자)는 이를 "제 정신을 차릴 수 있는 공간"[1]이라고 부릅니다. 저에게 그런 곳은 침실입니다. 매일 아침 침대를 정리합니다. 하루 중 언제든 들어가면 정돈된 침대와 창밖을 바라볼 수 있는 작은 가죽 의자가 구석에 기다리고 있습니다. 집 안이 혼란스러울 때면, 그곳이 바로 제가 사랑하는 유일한 평온의 공간입니다. 이번 주에는 집 안을 둘러보고 여러분만의 평온의 공간이 어디일지 결정해 보세요. 그런 공간이 없다면, 만들어 보세요! 크거나 화려할 필요는 없습니다―단지 정신을 차릴 필요가 있을 때 찾아갈 수 있는 작은 구석이면 충분합니다.

5. 완벽하게 꾸며진 집 사진을 보면, 매칭된 침구, 그리고 서로 조화를 이루는 벽지에 쉽게 빠져들기 쉽습니다. 그런 것들이 훌륭해 보이는 건 사실이지만, 여러분의 집을 사진처럼 바라보기보다는 도구처럼 생각해 보시길 권합니다. 하루를 보내면서 집을 제대로 효율적으로 사용할 수 있는 수많은 방식을 고민해보세요. 현관문 옆 바구니는 열쇠를 두기 딱 좋은 곳이고, 주방의 그림은 미소 짓게 하며, 사과와 치즈를 써는 나이프는 언제나 손이 닿는 곳에 있어야 합니다. 그렇게 집의 한 부분을 사용할 때마다 당신은 그것을 존중하는 겁니다. 집이 만들어진 목적대로 기능하게 해주는 것이니까요.

단지 내가 좀 더
나은 엄마였으면

당신의 조부가 아무리 키가 컸어도 자신의 성장은 당신 몫
이다.

— 에이브러햄 링컨의 말로 전해짐

모든 사람이 세상을 바꾸려 생각하지만, 정작 자신을 바꾸려
는 사람은 아무도 없다.

— 레프 톨스토이, 『개혁의 세 가지 방법』

요즘 나는 완전히 낯설고 정신없는 육아 단계에 접어들고 있다. 큰 아이 둘은 겨우 여덟 살과 여섯 살이지만, 우리가 육아에서 겪는 감정의 롤러코스터는 이미 시작되었다. 아직은 놀이공원에서도 작은 놀이기구들만 타고 있는 기분이다. 부딪히고 휘청이긴 하지만 아직 완전히 거꾸로 뒤집혀지지는 않은 단계. 하지만 청소년기가 되면 어른용 안전바를 꽉 매고 360도로 도는 롤러코스터를 타게 될 것이다. 그때가 되면 배가 철렁 내려앉고, 위아래 구분도 안 될 만큼 휘둘리는 시기가 올 테니까. 기다려 보라.

걱정되는 점은 이 감정들이 아이들이 유아기 때 내가 느꼈던 감정들과는 얼마나 다르게 느껴지는지, 그리고 그때마다 상황을 내가 얼마나 잘 통제할 수 있을지다. 이건 유아기 때 엄마가 허락하지 않은 장난감이나 군것질 때문에 흘리는 눈물이 아니다. 바닥에 드러눕고 발을 구르고 소리 지르는 일도 없다. 사실 청소년기는 아이들이 실제로 무엇 때문에 속상해 하는지 파악하기가 훨씬 더 어렵다. 무드 링(아이들의 기분에 따라 색이 변해가는 장난감 반지)이 정확하다면 좋으련만 그런 건 있지도 않다.

지난번 어느 날 아침, 큰아이 둘이 머핀을 만들고 있었는데, 어느 순간 둘째가 큰 아이 존 로버트를 귀찮게 하는 노래를 부르기 시작했다. 큰 아이가 그만하라고 했는데 둘째는 멈추지 않았다. 주의를 줘도 계속했다. 예상대로, 큰 애가 여동생을 발로 찼다. 나는 그 전 과정을 다 봤고, 내가 가서 이야기할 때까지 잠시 둘 다 자기 방에 가 있으라고 말했다. 그 말은 큰 애가 오븐에서 머핀을 꺼내는 일을 할 수 없다는 뜻이었다(그 일만은 큰 애가 충분히 나이가 들어서 할 수 있고, 특히 좋아하던 일이었다). 나는 이 일이 다른 훈육 상황과 크게 다르지 않을 거라고 생각했다. 나는 큰 애에게 타인에게 폭력을 절대 사용하면 안 된다고 이야기를 할 거고, 큰 애는 여동생에게 발로 찬 것에 사과할 것이고, 여동생은 그가 그만하라고 했을 때 듣지 않은 것에 대해 사과할 것이다. 그리고 우리는 각자 머핀 하나씩 먹을 거고. 짠! 슈퍼맘이 여기서 가장 잘하는 일을 하는 거였다. 싸움을 한 번에 해결하며 모두를 하나로 묶어주는 것.

그런데 그렇게 생각대로 되지 않았다. 내가 큰 애의 방에 들어 갔을 때, 큰 애는 완전히 이성을 잃을 정도로 격분해 있었다. 나와 말도 하지 않았고, 여동생과도 대화하려 하지 않았으며, 눈빛이 마치 광견병에 걸린 동물처럼 사나운 상태였다. 내가 말을 하던 중 그 아이가 내 옆을 쿵쿵거리며 걸어갔고… 그때 내가 소리쳤다. 나는 그의 팔을 잡고 방으로 데려가서 30분 후에 다시 돌아오겠다고 말했다. 결국 큰 애는 시간 벌칙을 받은 것이다.

나는 부엌에서 아이들 아침을 준비하러 돌아갔는데, 그 사이 큰 애는 아무도 모르게 자기 방에서 가방을 싸고 내게 쪽지를 남기고 있었다. "여기는 내가 필요하지 않은 거 같아. 아무도 날 그리워하지도 않을 거고." 그는 가출하려 했던 것이었다. 바나나 머핀을 만들며 추억을 쌓을 수 있는 그 온전한 시간을 시작한 지 고작한 시간 사이에 벌어진 일이었다.

내가 무엇을 어떻게 했어야 했는지 잘 모르겠다. 돌이켜보면 소리는 지르지 말았어야 했다, 그리고 30분 동안 방에 가둬뒀어야 했을까? 더 나은 방법이 있었을까? 정말 그 아이가 왜 화났는지 귀기울여 이해하려 노력했다. 오빠 앞에서 여동생에게도 자기 행동이 잘못됐다고 말했다. 여동생에게 사과하라고 했다. 부드럽지만 단호하게 말했다. 모두가 필요로 하는 중재자 역할을 하고 있다고 느꼈는데, 결국 모든 게 어긋나 버렸다. 어디서부터 잘못한 걸까?

우리 엄마가 우리 자녀들을 키우실 때 좋았던 부분도 있었고 도움이 됐던 점도 있었지만, 나는 내 아이들을 키우면서는 좀 다르게 하고 싶었던 부분도 있었다. 하지만 순간적으로 아드레날린이 분출될 때면, 내가 지혜롭게 하는 건지, 아니면 원한이나 분노에서 비롯된 행동을 하는 건지 구분하기가 정말 힘들다. 내가 선택해서 하는 건지, 아니면 그저 내가 보아온 유일한 방식이라서 하는 건지. 아이들이 나중에 커서 나의 양육 방식 때문에 심리 치료가 필요할 거라며 지금부터 저축 계좌를 만들어 두라는 농담을 들은 적이 있는데, 이제 그 말이 농담이 아니라는 생각이 들기 시작한다.

베키 케네디 박사의 인스타그램 육아 계정은 코로나 기간 동안 급상승했는데, 그럴 만한 이유가 있었다. 그녀는 간단한 역할극으로 영상을 시작하곤 했다. 예를 들어: 아이에게 방을 치우라고 부탁하는 엄마, 이미 치웠다고 주장하는 아이, 방이 깨끗하지 않다는 걸 눈치 채고 어떻게 반응할지 고민하는 부모의 모습이었다.[1] 이 영상들이 화제가 된 이유는 상황이 너무나도 익숙하게 느껴졌고, 모든 부모가 도움을 간절히 원했기 때문이었다. 그녀는 또한 부모와 자녀 간 격화되는 상황을 진정시키기 위한 일대일 대본도 제공했다. 집에 갇혀 지치고 탈진해 버린 엄마들에게 이 대본들은 희망의 등대처럼 느껴졌다. 대본에 적힌 말들은 우리 모두가 간절히 바랐던 "이렇게 하면 아이를 완전히 망치지 않을 거야"

라는 약속처럼 느껴졌다. 우리는 아이들과 집에 머무르는 시간이 많았고 아이들을 다루는 방식이 최선인지 알고 싶어 했고 좌우를 살피며 혼란스러워했고, 몇 년 후 엄청난 심리 치료비 청구서가 날아오지 않을 만한 선택을 하기를 바랐다.

청소년기의 양육은 유아기보다 훨씬 더 힘들고 두렵다. 위험이 더 커 보인다. 아이들의 기억이 더 오래 가기 때문이다. 나의 한마디로 아이들을 정말 상처 입힐 수 있고, 그 파장이 앞으로 몇 년 동안 그들에게 영향을 미칠 수 있다.

인스타그램을 시작한 지 얼마 안 됐을 때, 아이들을 위해 저녁에 연어 요리를 해준 적이 있었다. 홀푸드 냉동 코너에서 연어를 사서, 테리야키 글레이즈에 참깨를 뿌리고, 옆에 찐 밥과 녹두를 곁들여 준비했는데 정말 만족스러웠다. 인스타그램에 구매한 연어 사진부터 과정 전체를 올렸더니 한 시간도 안 되어 여러 메시지가 쏟아졌다. '자연산 연어를 써야 한다', '양식 연어는 사료가 더 나빠서 아이들에게 해롭다'는 내용이었다. 심지어 '연어가 아이들 건강에 안 좋다'는 극단적인 주장까지 나왔다.

그때 나는 어린 아이 둘을 둔 젊은 엄마였는데, 인터넷에서 모르는 사람들이 내 연어 요리(정말이지 단순 연어라고!)가 건강에 좋지 않다고 말하는 걸 봤다. 아이들에게 먹일 음식에 관해서는 내가 직접 조사해야 한다고 했다. 과일과 채소를 많이 먹이되 유기농으로 해야 했고 내가 준비한 음식을 먹는 법을 가르치되, 억지로 먹여서는 안된다고 했다—나중에 섭식 장애로 이어질 수 있으니까. 또 아이들에게 간식을 먹게 해야 했지만(음식 자유!), 너무 많이 먹게 해서는 안 되었다(설탕은 독이다). 간식 선택도 신중히 하라고 했다. 결국 부모로서 이런 결정에 책임이 있는 사람은 바로 나였다. 아이들에게 무엇을 먹이는지가 중요했고, 그 선택은 앞으로 수년간 아이들의 건강에 영향을 미칠 것이니까.

인생에서 가장 후회되는 일 중 하나는 피아노 레슨을 그만둔 것이다. 뭐 약간 과장일 수 있겠지만 그래도, 정말 피아노를 잘 칠 수 있었으면 좋겠다. 친구 집에 가볍게 앉아서 쇼팽을 악보 없이 연주하는 꿈이 있다. 말하자면 나만의 특별한 재주 같은 거. 우리 집 창가에 피아노 자리가 마련될 거고, 우리 소중한 아이들은 잠들기 전 엄마의 연주를 들으며 잠들겠지. 이 얼마나 멋진 르네상스 여성같은 장면인가!

중학교 때 레슨을 받았지만, 그 하얀 건반들에 대해 타고난 재능은 조금도 없었다. 재미있게도, 우리 엄마도 어릴 때 피아노를 배웠는데 재능이 거의 없었다고 하셨다(엄마는 피아노 선생님이 결국 그만두는 게 좋겠다고 말렸다고 하셨다). 한 해 동안 열심히 해본 뒤 엄마에게 피아노가 전혀 즐겁지 않다고 말했더니, 엄마는 내가 그만두는 걸 전혀 개의치 않으셨다. 나는 이미 운동을 하고 있었고, 네 명의 자녀 중 하나였던 나는 엄마가 매주 나를 데려다줄 일이 하나 줄어들어 조금은 안도하셨을 거라고 확신했다.

내가 빠져있었던 것은 농구와 배구였다. 돌이켜보면 그 스포츠들에서의 내 미래는 없었다. 실력이 나쁘지는 않았지만, 국가대표 선수감은 아니었다. 하지만 그게 내 열정이었고, 그래서 계속 붙잡고 있었다. 어머니는 주말마다 사우스캐롤라이나의 시골 지역까지 나를 태워다 주셨다. 이틀 동안 열리는 대회에 내가 참가할 수 있도록, 어머니는 토요일 내내 거대한 체육관에 앉아 계셨고 형편없는 호텔에서 잠을 주무셨다.

이제 어른이 되니 피아노를 끝까지 했어야 하고, 농구는 정말 좀 더 일찍 관뒀어야 했다는 생각이 든다. 피아노는 지금도 즐길 수 있을 것 같다. 반면 농구공은 거의 안 만진다. 하지만 후회는 항상 뒤늦게 찾아오는 법이다. 엄마는 나한테 운동선수 재능이 없다는 걸 아셨을 텐데도 내가 좋아하니까 시간을 내서 뒤바라지를 해주셨다. 원정 경기를 해야 할 때는 2박 3일 배구 대회보다 주간 피아노 레슨이 낫다고 생각하셨을 것이다. 하지만 그렇다고 엄마가 피아노를 강요했어야 했을까? 어쩌면 엄마도 피아노 배우는 데 본인의 안 좋은 경험이 있어서 내가 그만두도록 내버려 두신 걸지도 모른다. 만약 엄마가 계속 하셨다면, 나도 계속 했을지 모른다. 꽤 말하기 어려운 부분이다. 어쩌면 내가 피아노를 잘하게 되어 엄마의 끈기에 감사했을지도 모르고, 아니면 두 해 더 레슨을 받으면서도 거의 실력이 늘지 않아 결국 그만뒀을지도 모른다. 그렇게 되면 부모님의 시간과 돈을 더 낭비했을거고 그 과정에서 싸움도 많이 했을 것이다.

여기에는 엄마가 내린 사소하지만 수많았던 결정 중 하나가 담겨져 있었고 뼈아픈 결정마다 갈등을 일으키며, 결국 오늘의 나를 만들어냈다.

우리는 아이의 중학교 선정을 대학 진학처럼 심각하게 고민하는 교육 수준이 높은 지역에 살고 있다. 남편은 이런 환경에서 자라지 않았다. 그의 고향에는 공립학교가 한 곳뿐이었고, 모두가 그곳에 다녔다. 부자든 가난한 사람이든, 흑인이든 백인이든 모두 같은 학교에 다녔다. 찰스턴에는 구역제 공립학교와 수많은 차터 스쿨Charter school(정부 지원을 받지만 독립적인 공립 학교), 매그넷 스쿨Magnet school(지역 교육청이 운영하는 특정 분야 고교) 이 있다. 매년 '학교 선택제'라는 제도가 운영되는데, 기본적으로 수천 명의 다른 아이들과 함께 거대한 추첨함에 이름을 넣고 원하는 학교에 당첨되길 바라는 식이다. 완전히 운에 맡기는 거다. 어떤 학교는 초등학교 과정은 훌륭하지만 중학교 평판이 좋지 않다. 반대의 경우도 있다. 우리 아이가 4학년으로 진학하는 만큼 중학교 문제는 모두의 가장 큰 관심사이다. 공립학교도 있고 사립학교도 있다. 차터 스쿨과 매그넷 스쿨도 있고, 심지어 기숙학교까지 있다. 아이들이 좋은 교육을 받길 바란다. 다양한 사람들을 만나길 바란다. 45분 통학은 원치 않는다. 초등학교 때부터 이어지는 친구들이 있길 바란다.

　　　　　　　　　

우리가 선택을 하든, 지역 구획이 대신 선택하든, 자녀가 다니는 학교는 그들에게 영향을 미쳐 미래를 운명짓게 될 영향을 미칠 것이다.

"아기는 부모와 오래 함께 하지 않아요."

"아이들과 함께하는 시간은 고작 십 팔년뿐이에요."

"이 순간들이 그리워질 거예요."

"모든 순간을 소중히 여기세요."

시간이 흐른다는 걸 안다. 아이들이 자라날 거란 것도 안다. 말랑말랑한 아기 발이 냄새나는 십대 발로 변할 것이다. 매 순간 나를 필요로 하던 아이들이 가끔씩만 나를 필요로 하게 될 것이다. 그리고 언젠가는 집을 떠날 것이다. 물론 지금 엄청나게 지치고 힘들겠지만, 영원히 지속되진 않을 테니 매 순간을 소중히 여겨야 한다. 모든 순간을 온전히 누려야 한다. 그렇지 않으면 앞으로 다가올 수 세월 동안 후회할 테니까.

아이들이 스키틀즈^{Skittles}를 몰래 먹을 걱정으로 잠을 설치진 않는데, 연어 문제도 마찬가지다. 아이들이 어떤 활동을 그만두고 어떤 활동을 계속하든 크게 신경 쓰지 않는다. 학교 선택이라는 늪 속에서 우리는 괜찮을 거라 확신한다. 결국 가장 큰 두려움은 아이들과 더 많은 시간을 보내지 못한 걸 후회하는 것이다. 그저 곁에 있고 함께하기만 한다면 다른 걱정들은 해결될 거라 믿는다. 가장 큰 고민은 엄마로서의 역할이 어떤 모습이어야 하는 가이다. 어떤 일에 시간을 쏟아야 하고, 어떤 건 놓쳐도 괜찮을지. 이 역할에서 절대 양보할 수 없는 것은 무엇이며, 어떤 것들이 우리 가족과 아이들에게 특화된 것일지.

나는 아버지가 일하시고 어머니가 네 자녀를 돌보며 집에서 지내던 가정에서 자랐다. 어머니는 도시락을 싸주시고 우리를 각종 다양한 특별 활동 장소로 데려다 주셨다. 집안일을 관리하시고 저녁도 차려주셨다. 나는 자라면서 어머니가 우리 곁에 항상 함께 해 주신 모든 순간이 좋았고, 가족 안에서의 어머니의 역할은 본받을 만하다고 여겼다. 어머니의 직업은 우리 엄마가 되는 것이었고, 그녀의 하루하루는 우리 네 자녀들의 필요에 따라 대부분 결정되었다. 내가 깨닫지 못했던 것은, 어머니의 모습이 어떠해야 하는지에 대한 틀을 마음속에 두고도 그 틀이 내 아이에게도 최선인지 진지하게 묻지 않았다는 점이었다.

첫째가 여섯 달 되었을 때부터 '냅 타임 키친^{Naptime Kitchen}' 계정을 운영해왔지만, 나는 여전히 자신을 전업주부라고 생각했다. 왜냐하면, 실제로 그랬으니까. 아이들 병원 예약이 있으면 내가 데리고 갔다. 학교 등하교와 치과 진료도 내가 도맡았다. 남편은 사무실에 있어야 했기 때문에 오전 8시부터 오후 6시 사이에 발생하는 모든 일은 내 몫이었다. 물론 엄청 힘든 날들이 많았지만, 그 역할 속에서 나 자신에 대한 자부심과 힘도 느꼈다. 나는 엄마였으니까. 아이들이 무언가 필요로 하면, 그들이 가장 먼저 찾는 사람이 바로 나였다. 식료품 저장실에 케첩이 한 병 더 있나? 화장지는 충분한가? 반 파티용 컵케이크는 준비했나? 그 모든 답을 알고 있었다. 나는 가정의 주인이었으니까.

정규직을 그만둔 후 남편은 집안일을 점점 떠맡기 시작했는데, 나는 남편에게 고마운 마음과 동시에 불안감도 느꼈다. 이제 나는 누구지? 워킹맘이 된 건가? 아이들은 여전히 나를 필요로 할까? 이런 모든 감정은 네 번째 아이인 막내 앨버타가 남편을 나보다 더 좋아한다는 사실로 인해 더욱 심해졌다. 넷째는 슬프거나 피곤할 때면 항상 나보다 먼저 남편를 찾았다. 내가 늘 옆에서 충분히 함께 있지 못했기 때문에 그 아이가 나보다 남편을 더 사랑한다고 믿었다.

나는 엄마로서 모든 역할을 다하면서 동시에 냅 타임 키친 사업을 확장하기로 결심했다. 그런데 이 결정은 두 가지 이유로 좋지 않았다. 첫째, 지속 가능하지 않았다. 양육과 일이라는 두 영역 모두에서 죄책감을 느꼈고 스스로 끊임없이 지쳤다. 둘째, 내 정체성의 일부를 잃을까 두려워했기에 남편이 진정으로 도울 수 있는 방식에 제한을 두었다.

남자들은 여자들만큼 육아에서 정체성 문제로 고민하지 않는 것 같다. 남편이 아침에 출근할 때 죄책감을 느꼈을 거라 생각하지 않는다. 그는 가족을 부양하러 나가는 것이었고, 그건 단순히 그렇게 되어야만 하는 일이었으니까. 반면 나는 20년 뒤를 돌아보며 집에 더 자주 있지 않은 걸 나중에 후회할까 봐 두려웠다. 아이들과 함께할 수 있는 시간은 고작 18년뿐이다. 내 아이들은 영원히 내 곁에 있지 않을 테니까. 이런 갈등은 나만의 문제가 아니다. 아이를 어린이집에 맡기는 것에 죄책감을 느끼는 직장맘들을 너무나 많이 알고 있다. 반대로 전업주부지만 잠시라도 아이들에게서 벗어나고 싶어 그 사실에 죄책감을 느끼는 엄마들도 너무나 많다.

흥미롭게도, 일하는 직장맘 밑에서 자라온 친구들은 엄마가 되었을 때 내가 느끼는 그런 죄책감을 전혀 느끼지 않았다. 그들은 사랑이 넘치고 배려심 깊은 엄마가 우연히 일을 했을 뿐이라고 생각했다. 그들은 '엄마'의 역할과 일하는 '직장맘'이라는 역할이 서로 상충된다고 생각하지 않았다.

또한 많은 남편들이 재택근무를 하거나 유연한 직업을 가지고 있어 가사 책임을 더 많이 분담할 수 있다는 걸 깨달았다. 그들은 나만큼 '어머니 역할이 희생'이라는 생각을 하지 않았다. 그리고 여기서 내가 이 일을 그렇게 힘들어했던 큰 이유를 발견했다. 나는 모든 것을 다 해내고 싶었다. 나에게 좋은 엄마가 된다는 건 모든 것을 다 해내는 것이었다. 물론 남편이 더 자주 집에 있었으면 좋겠다고, 더 많은 도움이 있었으면 좋겠다고 생각했지만, 가족을 위해 내가 해낸 모든 일에 깊은 자부심을 느꼈다. 내가 해냈어. 나 혼자서! 그리고 그에 대한 칭찬과 찬사를 원했다. 사람들이 우리 집을 들여다보며 '와! 어떻게 저 모든 걸 다 해내는 거지?'라고 생각해주길 바랐다. 엄마로서의 나의 가치는 내가 하는 일에 달려 있었지, 내가 누구인지와는 상관없었다. 하지만 육아의 아이러니한 점은 아이들은 결국 자란다는 것이다. 아이들을 위해 하는 일은 변한다. 그리고 우리는 아이들이 더 이상 자신을 필요로 하지 않는 유능한 어른으로 자라길 원한다. 매일 그들을 그렇게 할 수 있도록 훈련시키면서도 우리는 아이들이 둥지를 떠나는 것을 슬퍼한다.

어머니로서의 정체성에 대한 고민을 시작한 지 몇 달 뒤, 나는 친구 크리스틴과 린지와 만났다. 둘 다 두 아이를 두고 있었는데, 그해 처음으로 두 아이 모두 풀타임으로 학교에 다니게 되었다. 이제 이 엄마들은 하루에 약 7시간 동안 아이 없이 지낼 수 있게 된 셈이다. 그런데 두 사람이 어떤 기분이었는지 아는가? 매우 혼란스러워 했다. 둘 다 인생의 새로운 단계에서 무엇을 어떻게 해야 할지 고민하고 있었다. 린지는 대체 교사로 지원하거나 남편 사업의 행정 업무를 돕는 걸 생각 중이었다. 크리스틴은 아이들 교실에서 더 많은 자원봉사를 하고 부모님을 더 많이 돕고 있었다. 둘 다 자신의 역할이 변하고 있음을 느끼면서도 그 시간을 어떻게 채워야 할지 막막해하고 있었다. 이런 현상을 점점 더 자주 목격 한다. 내 친구 루시는 이제 아이들 학교 프론트 데스크에서 일하고 있고, 사라는 방금 행정직에 지원했다. 모두 아이들이 학교로 떠난 뒤 생긴 공허함을 채울 방법을 찾고 있는 동시에, 다음 단계에서 자신의 역할이 어떻게 될지 고민 중이다. 내가 겪고 있던 정체성 위기는 수많은 여성들이 마주하는 문제임을 깨달았다. 육아라는 틀 밖에서 나는 누구인가? 물론 은퇴하는 많은 남성들도 같은 감정을 느낄 거라 믿는다. 일이라는 틀 밖에서 나는 누구인가? 둘의 차이점은 은퇴는 보통 65세 즈음에 찾아오는 반면, 육아의 역할 변화는 훨씬 더 일찍 찾아온다는 점이다.

나는 육아 여정을 '생애 한정 프로젝트'처럼 모든 순간을 쥐어짜내며 소모하는 방식으로 보지 않았다. 이 속도라면 우리 아이들이 학교에 가는 건 내가 38세 때, 막내가 대학에 갈 때는 50세가 될 것이다. 평생 아이들에게만 에너지를 쏟아 부은 후 그들이 집을 떠났을 때 허탈감에 허우적대고 싶지 않다. 한 줄 조언이나 책들이 "이 시기 모든 순간을 완벽히 즐겨야 한다"고 강요함에도, 초기 육아와 그 역할에 내 모든 정체성을 쏟아붓고 싶지 않다. 그 시기를 소중히 여기되, 육아를 하나의 계절로만 보는 대신 아이들이 집을 나간

후에도 내가 어떤 사람이 되고 싶은지 더 많이 생각하기 시작했다. 아이들과 함께하는 시간이 10시간이든 100시간이든, 현장학습 자원봉사를 하든 일을 하든, 아이들이 유아이든 대학생이든, '내가 누구인가'는 변하지 않는 상수일 수 있다는 걸 깨달았다. '작은 순간을 얼마나 잘 누렸는지'나 '좋은 엄마 체크리스트'를 얼마나 완벽히 채웠는지에 따라 내 정체성이 좌우되지 않는다.

좋은 부모가 되는 데 필요한 것들 중 상당수는 내가 기억하는 것과는 전혀 다르다. 남편은 자신의 아버지가 이상적인 부모와는 거리가 멀었다고 가장 먼저 말할 것이다. 시아버지는 많은 실수를 저질렀고 건강이 좋지 않은 상태로 60세에 세상을 떠났다. 남편은 어릴 적 자기 아빠와 함께 지낼 때마다 오이스터 크래커와 맥도날드 햄버거로 연명했다고 웃으며 말하곤 했다. 유기농 식품은 전혀 없었다. 집에 과일이 있는 경우도 거의 없었다. 시아버지는 자녀의 과외 활동이나 학교 선택에 대해 스트레스를 받지 않았다. 하지만 남편이 시아버지의 장례식에서 추도사를 할 때, 그가 절대적으로 확신하는 한 가지는 자신의 아버지가 자신을 많이 좋아했다는 점이라고 말하는 것이었다. 단순히 사랑했다는 게 아니라, 좋아했다는 것이다. 시아버지는 그와 시간을 보내고 싶어 했다. 남편이 오리올스 야구 트레이드나 펜 스테이트 경기에 대해 이야기하려고 시아버지에게 전화를 걸면, 그가 기쁘게 대답해 주실 거란 걸 알았다.

남편은 이 일이 자신에게 무엇이든 할 수 있다는 느낌을 주었고, 그가 가진 많은 꿈을 좇을 자신감을 갖게 된 이유라고 말하곤 했다. 아버지가 자신을 좋아했기 때문에, 남편은 실수하는 것을 두려워하지 않았다. 아버지의 사랑은 애초에 그가 어떻게 하느냐에 달려 있지 않았기 때문이다.

시아버지는 완벽과는 거리가 멀었지만, 그의 정체성은 사랑으로 형성되었다. 자신의 아버지가 수많은 잘못된 선택을 하고 그 대가를 치르는 모습을 보면서도, 자신에게 품은 믿음이 결코 흔들리지 않음을 그는 알고 있었다.

어릴 적 엄마가 바닥에 앉아 나와 놀아주던 기억은 없다. 엄마는 8년 사이에 네 아이를 낳았다. 우리를 사랑하셨지만, 우리와 일대일로 시간을 보낼 여유가 그저 없었을 뿐이었다. 엄마의 훈육 방식이나 집안일을 배운 방식은 기억나지 않지만, 엄마가 나에게 했던 말과 소중히 여기는 것들은 생생히 기억난다. 엄마가 나를 지지해주고 내 편이며, 나를 믿어준다는 걸 느꼈던 기억은 무수히 많다. 주를 넘나드는 배구 대회에 나를 데려다주던 셀 수 없이 많은 주말들. 내가 지원하고 싶어 했던 명문 대학들을 함께 둘러보러 갔던 셀 수 없이 많은 여행들, 엄마는 내가 그곳에 합격할 수 있다고 믿어주셨다.

내가 기억하는 한, 엄마는 중앙에 작은 다이아몬드가 박힌 화려한 금색 후프 스타일 귀걸이를 가지고 계셨다. 그 귀걸이는 시대를 초월한 클래식한 디자인이었다. 매일 착용하기에 충분히 심플하면서도 칵테일 파티에 어울릴 만큼 고급스러웠다. 나는 그 귀걸이를 좋아했고 갖고 싶어 했다. 여러 번 엄마에게 이 소원을 말했지만, 엄마는 내 부탁을 듣고 웃으셨다. 엄마는 이렇게 말하곤 하셨다. "그래, 그래… 꿈이나 꾸렴, 우리 딸아." 엄마가 그렇게 말할 만한 이유는 충분했다. 그 귀걸이가 보석함 속에 갇혀 빛을 보지 못하는 것도 아니었고, 매일은 아니더라도 여전히 자주 착용하고 계셨으니까.

그 귀걸이는 일종의 농담거리가 되었다.

엄마: "케이트, 크리스마스 선물로 뭐 받고 싶어?"

나: "엄마가 하던 그 귀걸이."

엄마: "꿈도 꾸지 마."

이런 농담은 몇 년 동안 계속됐다. 아이가 하나에서 둘로 늘어나고, 냅 타임 키친 계정은 작은 취미에서 더 큰 무언가로 변해갔다. 성장할수록 나는 항상 어색함을 느꼈다. 인플루언서라는 말은 쑥스러웠다. 크리에이터는 조금 덜했다. (적어도 이 책이 나오면 작가라고 말할 수 있겠지.) 몇 초 만에 내가 뭘 하는지 방송할 수 있다. 사람들은 내가 목욕 가운 차림으로 춤추는 모습도 봤고 내 침실이 어떻게 생겼는지도 안다. 마치 '빅 브라더'와 '쿠킹 채널'이 합쳐져서 자격증 하나 없는 사람을 중심으로 한 미친 하이브리드 쇼를 만든 것 같다.

이 모든 말은 농담이지만 솔직히 말하면, 낮잠 주방이 단순한 취미를 넘어선 순간부터 줄곧 고민해온 문제이다. 내가 하는 일을 위해 학교에 다니거나 학위를 따지 않았다. 생명을 구하는 일도 아니고, 이 일을 딱히 분류할 수 있는 카테고리도 없다. 이건 자부심과 불안감이 동시에 드는 이상한 일이다. "내가 이걸 해냈어!"라는 생각과 "도대체 내가 뭘 해낸 거지?"라는 의문이 뒤섞여 있다. 나는 일 년에 네 번에서 여섯 번 정도 이 일로 존재적 위기를 겪곤 하는데, 보통 눈물과 함께 남편의 개입이 필요할 때이다.

내가 뭘 하고 있는 거지? 이게 내 시간을 가장 잘 쓰는 방법일까? 정말 사람들을 돕고 있는 걸까? 내가 스스로를 망신시키고 있는 건 아닐까? 그리고 가장 큰 질문: 사람들은 나를 어떻게 생각할까? 더 중요한 건: 부모님은 나를 어떻게 생각하실까?

2021년 5월, 나는 인스타그램 세계에서 한 가지 이정표를 달성했다―팔로워 10만 명. 십만 명이나 팔로워했다. 노스캐롤라이나 주 더럼의 작은 아파트에서 지루함을 달래기 위해 만든 공간을 팔로우하는 십만 명의 사람들. 개인적으로는 큰 이정표였지만, 그렇다고 그렇게 크게 축하할 만한 일 같지는 않았다. 하지만 우리 엄마는 달랐다.

그 목표를 달성하자마자 엄마는 가까운 가족들과 함께 축하하기 위해 타코 레스토랑에서 저녁 식사를 예약하셨다. 나는 기대되기도 했지만 불안하기도 했다. 동생들은 언니가 인터넷에서 팔로워가 많다는 이유로 가족들이 모여 저녁 먹는다는 걸 어떻게 생각할까? 내내 어색한 분위기일까? 저녁 약속 당일, 내가 병원 진료가 있어 엄마가 몇 시간 동안 집에 남아 아이들을 돌봐 주셨다.

그날 저녁, 저녁 식사를 위해 옷을 입으러 집에 갔을 때 화장대 위에 작은 상자와 쪽지가 놓여 있었다.

나는 천천히 상자를 열었고, 눈물이 터져 나왔다.

그 안에는 사랑하던 엄마의 귀걸이가 들어 있었다.

그 순간 내가 느꼈던 감정의 깊이를 그대로 전하기란 어렵다. 물론 귀걸이를 받은 것 자체도 무척 기뻤지만, 그 감정은 단순한 선물 차원을 훨씬 뛰어 넘어선 것이었다. 그 귀걸이는 엄마가 내 인생에서 거대한 이정표라고 여겨주신 순간을 상징했다. 소수만 이 이해하는 이 기묘한 직업에서, 팔로워 수 같은 이상한 이정표 들 속에서, 엄마는 내가 6년 동안 꾸준히 쌓아온 것을 알아봐 주셨 다. 나를 자랑스러워하셨다.

우리는 타코 보이에서 저녁을 먹었는데, 10만 개짜리 캔디로 장식한 수제 왕관과 특별한 띠까지 완벽하게 준비했다. 웨이트리 스가 무슨 기념이냐고 묻자 엄마가 자랑스럽게 말하셨다, "우리 딸이 인스타그램 팔로워 10만 명을 돌파했어요! 꼭 팔로우하세요. Naptime Kitchen이라고 해요." 그 모든 상황이 살짝 부끄럽긴 했 지만, 여전히 내 직업이 무엇인지에 대한 불안감 속에 살고 있던 나에게 그날 뭔가 엄청난 변화가 일어났다. 단 한 가지 이유 때문 이었다. 엄마가 나를 자랑스러워하셨기 때문이다.

웨이트리스가 정신 건강에 해롭다는 이유로 자신은 소셜 미디어를 그만뒀다고 해도(소셜 미디어에 직장 축하 글을 올리려고 나온 참에 딱 듣기 좋은 말이었지만), 나는 신경 쓰지 않았다. 엄마가 나를 자랑스러워했고 서른세 살인 나에게 그 반응은 그 어느 때보다 내게 절실했기 때문이다.

내가 어색해하는 동안, 엄마는 묻는 사람마다 내가 대단한 일을 해냈다고 말씀하셨다. 그날 저녁, 형제자매와 부모님, 그리고 모두가 함께한 감자칩과 살사, 마가리타 속에서 나는 내가 하는 일에서 계속할 용기를 얻었다. 믿음을 받았던 것이다.

아버지와 함께했던 또 다른 순간이 떠오른다. 아버지가 내 인스타그램 아이디가 적힌 명함을 만들어 친구들에게 나눠줄 수 있을지 물어보셨던 거다. 당시엔 정말 웃겼지만, 부모님이 제 일을 인정해 주시는 작은 증거 중 하나였다.

이 기억들은 내가 날리고 있는 연의 줄을 단단히 묶고, 또 멀리 풀어놓을 수도 있는 기둥이 되었다. 조금 더 높이 떠오를 수 있도록, 바람이 나를 더 멀리 데려가도록 허락하며.

사실 엄마는 나와 피아노, 배구, 그 후 25년 동안 벌어진 수많은 수백만 가지 우여곡절이 내게 어떤 결과를 가져올지 전혀 알지 못했다. 그 모든 것은 엄마가 통제할 수 없는 일이었다. 엄마가 통제할 수 있었던 것(내가 통제할 수 있는 것)은 바로 엄마라는 한 사람의 존재 그 자체였다. 지금 돌이켜 엄마가 우리를 키운 방식을 생각해보면, 구체적인 양육 방식보다 엄마의 인간적 존재 자체를 훨씬 더 깊이 깨닫게 된다. 나는 특별하게 대접받으며 크지 않았다. 나는 그냥 네 명 중 하나였고, 우리는 거의 모든 것을 같이 무리 지어 했다. 하지만 다른 면에서 나는 극도로 특별했다, 엄마가 나에게 품은 사랑이 너무나도 구체적이었기 때문이다.

우리 엄마와 시아버지는 매우 달랐다. 남편과 내가 자란 방식도 완전히 달랐다. 하지만 우리는 부모님으로부터 똑같은 감정을 받았다. 여러모로, 부모님이 채워주지 못한 빈칸들이 오히려 우리의 자신감에 촉매제가 된 건 아닐까 생각한다. 부모님이 모든 것을 해주는 대신 스스로 해내야 할 때, 우리는 성장하고 발전한다. 때로는 실패하기도 한다.

부모로서 이런 점이 두렵게 느껴질 때가 있다. 아이들을 위해 곁에 있고 싶고, 그들이 성공하도록 돕고 싶다. 하지만 그 방법이 오로지 자연산 연어를 준비하거나, 교실에서 봉사활동을 하거나, 완벽한 훈육 루틴을 갖는 것만은 아닐지도 모른다. 대신 내가 어떤 사람이 되고 싶은지, 어떤 성품을 갖고 싶은지 집중하고, 아이와 함께 걸으며 그들 스스로 성품을 키우도록 돕는 것이 아닐까? 이런 방식이 체크리스트를 채우는 것보다 더 어려울 수 있다. 나는 스스로에게 묻는다. 아이들이 떠나고 옆에 없을 때 어떤 사람이 되고 싶은가. 내 아이들이 내가 소중히 여기는 가치를 보고 자라길 바라는가. 하지만 이 관점은 오히려 압박을 많이 줄여주기도 한다. 이건 내가 완벽하게 해내야 할 일이 아니기 때문이다. 나는 성장하고 진화하며 실수도 하고 사과도 하며, 아이들에게도 그렇게 하도록 가르치고 있다.

완벽한 시스템은 없다. 하지만 아이들을 통제할 수 없지만 나를 통제할 수는 있다. 나는 아직도 이 육아 여정에서 너무나 젊다. 앞으로 많은 기쁨과 아픔이 기다리고 있을 거다. 하지만 좋은 엄마가 되는 최고의 방법은 나의 정체성에서 육아라는 초점을 조금은 내려놓는 거라는 걸 깨닫고 있다. 대신 내가 누구인지—그대로의 나—에 집중하고 그 진리가 삶의 모든 영역으로 흘러 들어가도록 허락하고 싶다. 아이들처럼 나도 아직 성장하고 있는 중인 것 같다.

육아의 핵심 순간에 다다라, 선택을 해야 할 때 나는 항상 내 길에서 벗어나지 않도록 몇 가지 중요한 질문을 스스로에게 던지기 시작했다. 이 질문들은 부모로서의 정체성을 확고히 하게 하고, 다른 사람들이 내가 잘하지 못하는 분야에서 뛰어난 모습을 보여도 괜찮다고 느끼게 해주었다. 내가 스스로에게 묻는 세 가지 질문은 다음과 같다.

1. 그들은 나와 얼마나 다른 삶의 시기를 살고 있는가?

이를 통해 우리 삶의 각 단계가 얼마나 다른지 더 잘 이해할 수 있게 되었다. 다섯 살 미만 아이 셋을 키우는 것과 다섯 살 이상 아이 셋을 키우는 것의 차이는 엄청나다. 육아의 각 시기마다 고유한 기쁨과 어려움이 따르며, 이를 비교하는 것은 축구 선수와 장거리 달리기 선수를 비교하는 것과 같다. 둘 다 자신의 종목을 위해 훈련하지만, 그 훈련 방식은 완전히 다르다.

2. 그들은 외부 도움을 받고 있는가?

이건 까다로울 수 있다. 많은 여성들(나를 포함해서)은 자신이 어떤 도움을 받는지를 다른 사람에게 드러내는 일을 어려워한다. 허세처럼 보일 수 있기 때문이다.("내가 많은 도움을 받을 수 있는 여유가 있는지 봐!"). 물론 그런 특권을 과시하고 싶어 하는 사람들도 있겠지만, 대다수는 그렇지 않다고 생각한다. 육아라는 역할에서 자신을 증명해야 한다는 근본적인 욕구가 있다고 생각한다. 특히 자신이 잘하고 있는지 쉽게 알 수 있는 방법이 없기 때문이다. 그런 이유로 많은 여성들(나 역시 포함해서)은 자신이 도움이 필요하다는 사실을 인정하기를 꺼린다. 육아의 각 시기가 다르듯, 각자의 도움과 그 도움에 대한 필요도 다르다. 어떤 여성들은 가정부를 두고, 어떤 여성들은 아이들이 학령기라 시간이 남아 청소하는 걸 꺼리지 않는다. 많은 여성들은 집 밖에서 일하므로 보모나 어린이집이 필요한 반면, 어떤 여성들은 집에 머무르기를 선택한다. 직장 여성은 돈은 있지만 시간이 없을 수 있고, 집에 있는 엄마는 시간은 있지만 돈이 없을 수 있다. 어떤 엄마들은 시간과 돈 모두를 가졌고, 어떤 엄마들은 둘 다 없다. 어떤 이들은 가족과 가깝지만, 어떤 이들은 가족이 전혀 없다. 육아부터 식료품 예산까지 모든 것에 영향을 미치는 요소가 너무나 많으며, 이웃집 엄마와 당신의 상황이 다를 확률은 99%이다.

3. 그들은 나와 같은 가치관을 가지고 있는가?

세 번째 질문은 개인적으로 가장 도움이 된 질문이다. 우리는 같은 가치관을 가지고 있는가? 이 질문은 즉시 '좋은 엄마'의 할 일 목록에서 몇 가지를 지울 수 있게 해주었다. 몇 가지 일들이 단순히 나에게 중요하지 않다는 걸 깨달았기 때문이다.

아이들 아침을 준비하던 중 최근에 본 내용인데, 아이 여섯을 키우며 일곱째를 임신 중인(네, 일곱째요!) 한 엄마의 인기 있는 자급자족 블로그를 발견했다. 그녀는 자식들을 위해 직접 베이글을 만드는 영상을 올렸는데, 우리 아이들은 냉동 와플과 시리오를 먹고 있었다. 우리 사이엔 많은 차이가 있었지만, 그녀가 하루에 해내는 모든 일들이 계속 머릿속에 맴돌았다. 임신 중에도 여섯 아이를 돌보고, 직접 음식을 만들고, 심지어 소젖까지 짜다니 말이 안 되지 않은가.

처음으로 든 생각은 내 능력에 의문을 품는 것이었다. 왜 나는 네 아이를 돌보지 못하는 반면, 그녀는 더 많은 아이들(그리고 닭들, 소까지!)을 돌보고 있을까? 내 아이들은 냉동 와플을 먹는데, 그녀의 아이들은 집에서 만든 베이글을 먹으며 잔치를 벌인다니? 그 순간 나는 스스로 멈췄다. 나는 정말로 소리 내어 말했다. "케이트, 그녀는 너와 다른 가치관을 가지고 있어. 그리고 그녀가 외부 도움을 받고 있는지 아닌지에 대해 너는 알 길이 없잖아."

아이들을 학교에 보낼 준비를 했다. 그러다 문득, 나는 집에서 베이글을 만들고 싶지도 않고, 소에게서 직접 젖을 짜고 싶지도 않다는 걸 깨달았다. 그녀는 일곱 명의 아이를 두고 있지만, 나는 네 명으로 만족한다. 나는 사실 그녀가 사는 삶을 원하지 않는다. 휴대폰에서 고개를 돌리니 넷째가 우유를 달라고 나를 올려다보고 있었다. 냉장고에서 가게에서 산 저온살균 우유 팩을 꺼내 그녀에게 따라주었다—내 삶이 정말 행복하다.

> **사고 방식 변화** 나는 어머니로서의 정체성에만 집중하기보다, 한 사람으로서의 나 자신에 집중하고 싶다.

---------------------------------- **실천 단계** ----------------------------------

1. 아이들이 집을 떠난 지 오래된 후에 당신은 어떤 사람이 되고 싶은가요? 이 질문은 제 육아 여정에서 중추적인 역할을 해왔습니다. 일상적인 육아의 사소한 일들보다 자신이 되고자 하는 모습에 집중할 때, 우리는 육아의 어느 한 시기를 넘어 더 영원한 무엇에 초점을 맞추게 됩니다. 저는 인내심이 있고, 잘못을 재빨리

인정하고 사과하는 사람, 그리고 제 앞에 있는 사람과 함께 있는 사람이 되고 싶습니다. 만약 제가 그런 사람이 된다면, 더 좋은 어머니가 될 것입니다.

2. 어떤 육아 기준을 접하더라도 질문의 필터를 거치세요. 저에게는 앞서 공유한 세 가지 질문이 바로 그 필터입니다(그들은 나와 얼마나 다른 삶의 시기에 있나요? 그들이 외부 도움을 받고 있나요? 그들은 나와 같은 가치관을 가지고 있나요?). 저는 온라인에서 다양한 육아 계정을 팔로우 하는데, 항상 스스로에게 상기시키는 점은 각 계정이 특정 영역에 집중한다는 것입니다. 집에서 하는 아이 공예에 집중하는 계정, 아이를 위한 건강한 음식에 관한 계정, 몬테소리 학습에 관한 계정을 각각 팔로우합니다. 이 계정들은 각자 특정한 영역에서 탁월합니다. 조심하지 않으면, 이 각기 다른 범주들을 다 받아들이고 쌓아 올리려 해도 결코 도달할 수 없고, 도달해서도 안 될 높은 기준을 만들어낼 수 있습니다. 불필요한 비교나 실패했을 때의 수치심으로부터 자신을 보호할 필터 역할을 할 수 있는 몇 가지 질문을 직접 만들어 보세요. 같은 맥락에서, 도덕적 문제가 아닌 영역에서 수치심을 느끼게 하는 계정들은 언팔로우하세요. 영양, 학교 선택, 스크린 타임 같은 건 부모로서 당신이 결정해야 할 중요한 영역들이에요. 하지만 이런 결정들을 마치 덕목 virtue인 양 포장하는 계정들은 경계하세요.

3. 자신의 부모님을 되돌아보는 시간을 가져보세요. 어머니께서 하셨던 일 중 기억에 남는 것은 무엇인가요? 육아에 대한 자신의 기준을 생각할 때, 그것이 당신의 성장 배경에서 형성된 것인가요? 그것이 좋은 건가요, 나쁜 건가요?

4. 정말 나를 자유롭게 해준 것은 육아에 있어서 절대로 후회하지 않겠다는 생각을 내려놓는 것입니다. "여기서 꼭 옳은 일을 해야 해! 이 기회를 놓치면 안 돼!"라는 부담감 아래 살기 시작하면 짓눌리기 시작합니다. 아이들은 순식간에 자라나고,

   저스트 위시 JUST WISH

연주회나 스포츠 경기, 현장 학습 인솔 기회 같은 건 너무 많아서 다 참석할 수가 없습니다. 때로는 별일 아닌 행사를 놓치기도 하고, 또 어떤 때는 뒤돌아보니 정말 중요했던 걸 놓치기도 하죠. 하지만 바로 그게 핵심입니다. 후회만이 그 중요성을 깨닫게 해주었죠. 그 순간에는 알 도리가 없습니다. 후회와 화해하고, 아이들 앞에서 그걸 보여주는 것, 그리고 아이들에게 실망을 다루는 법과 실수할 때 책임지는 법을 가르치는 것은 정말 건강한 방법입니다. 후회에 대한 깊은 치유제가 "미안해"라고 말하는 거라는 것도 배우고 있습니다. 내가 저지른 실수를 보거나 아이에게 깊이 상처 준 말을 깨닫고 바로 사과할 때, 화해가 이루어지고 후회를 압도하는 회복이 발생합니다.

5. 배우자와 함께 앉아 어머니로서 자신에게 어떤 기대를 품고 있는지 이야기해 보세요. 어쩌면 당신은 필요 이상으로 많은 짐을 지고 있을 수도 있고, 아무도 요구하지 않은 기대를 스스로에게 강요하고 있을지도 모릅니다(제 자신에게 하는 말이에요— 저는 순교자처럼 느껴지는 걸 좋아하거든요!). 배우자가 일부 부담을 나눠 질 수 있는 부분도 있을 수 있습니다. 저는 부담스러운 빨래감 양에 완전히 압도되었던 기억이 나는데, 결국 남편에게 그 마음을 털어놓았더니 주말에 몇 번 빨래를 해주는 게 그에게는 아주 쉬운 일이더군요. 배우자는 마음을 읽는 사람이 아니며, 도움을 필요로 한다고 해서 당신이 실패한 것은 아닙니다.

| JUST WISH |

단지 좀 더 나은
남편이 있었으면

오랜 세월 누군가가 당신의 가장 최악의 순간까지 지켜보고,
당신의 장점과 단점을 모두 알면서도 끝내 온전히 당신 곁에
머문다면, 그것이야말로 완성된 경험이다.

— 티모시 켈러, 『결혼의 의미』

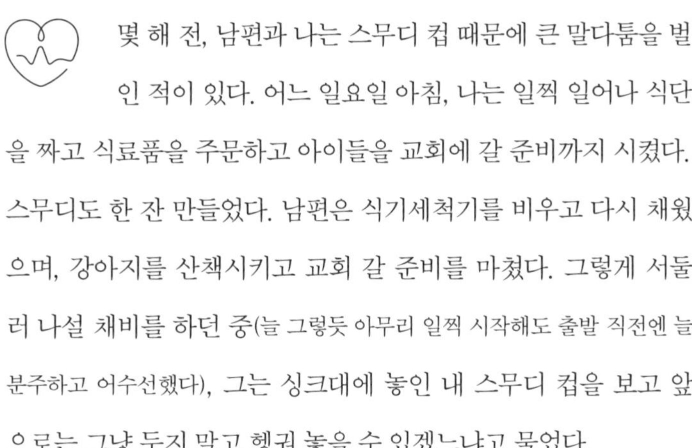 몇 해 전, 남편과 나는 스무디 컵 때문에 큰 말다툼을 벌인 적이 있다. 어느 일요일 아침, 나는 일찍 일어나 식단을 짜고 식료품을 주문하고 아이들을 교회에 갈 준비까지 시켰다. 스무디도 한 잔 만들었다. 남편은 식기세척기를 비우고 다시 채웠으며, 강아지를 산책시키고 교회 갈 준비를 마쳤다. 그렇게 서둘러 나설 채비를 하던 중(늘 그렇듯 아무리 일찍 시작해도 출발 직전엔 늘 분주하고 어수선했다), 그는 싱크대에 놓인 내 스무디 컵을 보고 앞으로는 그냥 두지 말고 헹궈 놓을 수 있겠느냐고 물었다.

내 스무디 컵이 싱크대에 있던 건, 잠시 물에 담가두면 말라붙은 스무디 찌꺼기가 불어서 씻기 쉬워지기 때문이다. 그냥 바로 닦으려면 훨씬 오래 걸린다. 게을러서가 아니라, 합리적이어서 그랬다. 물론, 그게 실용적인 방식이었다.

하지만 남편이 본 것은 달랐다. 그는 막 싱크대를 말끔히 치워 놓았는데, 내가 또 그 안에 더러운 컵을 놓은 것이다. 갓 설거지를 끝냈는데… 내가 그걸 모른단 말인가? 나는 그 아침에, 그가 보지 못한 수많은 일들을 이미 해낸 사람이었다. 일주일 치 식단을 세우고, 그 재료를 주문해 놓았는데… 그는 그걸 정말 몰랐단 말인가?

답답함이 치밀어 올랐고, 나도 모르게 날카롭게 받아쳤다. 그는 그 작은 부탁에 내가 과하게 반응한다며 당황해하고 짜증을 냈다. 나는 말없이 입술을 꼭 다문 채—마치 미란다 프리즐리(영화 〈악마는 프라다를 입는다〉에서 나온 냉철하고 권위적인 편집장)가 불만을 참을 때처럼—아이들을 차에 태우며 냉랭한 침묵으로 맞섰다. 우리는 둘 다 서로에게 오해받고 있다고 느꼈고, 각자의 감정에 나름의 정당성이 있다고 생각했다. 칼훈 스트리트^{Calhoun Street}를 달리던 차 안에서, 나는 여전히 억울함에 치밀어 오르는 열기로 두 볼이 화끈거렸던 그 순간을 기억한다.

교회에 도착하자 남편은 아이들 돌보는 봉사 때문에 서둘러 자리를 떴고, 나는 예배 내내 혼자 앉아 있었다. 그 자리에서 나는 또다시 — 아마 수 천 번쯤 되새겼을 것이다 — 결혼이 왜 이렇게 어려운 것인지 떠올렸다. 다른 사람과 함께 살아간다는 것, 그 사람의 결점을 보고, 또 그가 내 결점을 본다는 것. 서로를 오해하고, 오해받으면서도 여전히 서로를 선택하기로 하는 일 — 그것은 참 어렵다. 그럼에도 세계 곳곳에서 사람들은 자발적으로 단 한 사람을 선택해 평생을 함께하려 한다. 문화가 변해도, 우리는 여전히 한 사람에게 헌신하고자 하는 본능적인 마음을 품고 산다.

남편은 의심할 여지 없이 훌륭한 남자이고, 그를 남편으로 선택한 일을 진심으로 감사히 여긴다. 하지만 부끄럽게도, 나는 결혼 생활 동안 그를 다른 사람들과 비교하며 많은 시간을 보냈다. 교회에서는 남자가 아내의 어깨를 감싸 안고 다정히 어루만지는 커플들을 늘 보지만, 내 남편은 여전히 나와의 사이에 30센티 정도 되는 거리를 유지하곤 한다. 그럴 때면, 그가 조금 더 다정했으면 좋겠다고 속으로 바란다. 또 친구들 중에는 근사하고 정성스러운 음식을 해내는 남편이 있는데, 내 남편은 냉동피자를 그럴듯하게 굽고, 치킨 소시지를 능숙하게 볶을 줄은 알지만, "물이 도대체 어느 정도면 끓는 거야?", "타코 고기가 다 익었는지 어떻게 알아?" 같은 질문을 서슴없이 던지기도 한다. 그럴 때면, 그가 요리에 조금 더 능숙했으면 좋겠다고 생각한다. 하지만 나는 이제 그런 바람이 우리 결혼에 어떤 영향을 미치는지 뼈저리게 안다. 사소한 불만이 하나둘 쌓여, 장작불 앞의 부싯개처럼 쌓여가고, 나는 그

옆에서 성냥을 든 채 서 있는 셈이다.

불행히도 불은 태울 대상을 가리지 않는다. 쓰레기통의 종이 쪽지든 소중한 가족 사진이든, 불꽃에겐 다를 바 없다. 마찬가지로 내 '그저 바랄 뿐인' 마음이 결혼 전체에 작은 그을음 자국을 남긴다. 나는 결혼한 지 오래되지 않았기 때문에 결혼 생활을 오래 지속시키는 비결을 단정적으로 말할 수는 없다. 하지만 남편을 바라보는 시각을 바꿔놓은, 내 손에서 성냥과 부싯돌을 내려놓게 해준 몇몇 이야기를 나누어볼 수는 있다.

무죄추정의 원칙

그레이디와 티파니 부부는 티파니 집안의 아이스크림 가게를 넘겨받기 위해 가족을 이끌고 새 주로 이사했다. 그레이디는 일상적으로 아침 9시부터 오후 5시까지 근무했던 평범한 엔지니어링 직장에서 하룻밤 사이에 사업주이자 아이스크림 파는 사람으로 변신했다. 갑자기 재고를 관리하고 직원들을 감독해야 했고, 말할 것도 없이 수많은 냉동고를 작동시켜야 했다. 아이스크림 가게는 대부분 사업체와는 다른 시간에 운영된다. 사람들이 발을 쭉 뻗고 쉬고 싶을 정확한 그 순간에 아이스크림을 원하니까 — 늦은 밤이나 가장 더운 주말에. 게다가 그들은 새 학교에 입학하는 세 아이를 두고 있었는데, 각자 새로운 사회적 환경과 친구 사귀기를 시작해야 했다. 이에 감당해야 할 변수가 많았고 다양했다.

그들의 사업 첫 해, 랠리Raleigh에서 친구들이 주말에 모였을 때, 그레이디와 이야기를 나눴다. 사업이 어떻게 돌아가고, 이 거대한 생활 변화 속에서 어떻게 버티고 있냐고 물었다. 그레이디는 첫해는 티파니와 서로에게 최고도의 신뢰를 주기로 약속했다고 말했다. 그레이디가 늦게까지 일해 저녁 식사를 놓쳤다면, 티파니는 그가 정말 어쩔 수 없이 그랬다고 믿어야 했고, 반대로 아이스크림 파는 직원이 갑자기 병가를 내서 일손 부족으로 티파니가 둘만의 모처럼의 데이트를 취소했다면, 그대로 믿어야 했다. 집안일이나 사업 관리에서 실수라도 저질렀다면, 서로가 최선을 다하고 있다고 가정해야 했다. 기본적으로 사업 첫 해 내내 둘 다 실수투성이일 거라는 걸 알았기에, 자주 용서하고 짧은 타협으로 넘어가기로 한 거였다.

그레이디의 이야기를 들으며, 나는 내가 남편에게는 정반대로 행동한다는 걸 깨달았다. 가장 무고한 상황에서도 최악을 가정한다. 교통체증에 갇혀 늦게 귀가한다고 하면, 오후 4시부터 6시까지의 '아무 이유 없이 아이들이 가장 보채고 칭얼대는 시간대'(안타깝게도 한 시간이 넘는다)를 피하려고 일부러 늦게까지 일한다고 단정했다. 남편이 식기세척기를 비우지 않았다면, 문을 열고 가득 찬 걸 본 후 '이건 케이트한테 맡겨야지'라고 미뤘다고 짐작한다.

남편에 대해 최악을 가정하는 습관이 들면 우리 결혼 생활이 힘들어진다. 꽃이 피어야 할 곳에 작지만 쓴맛의 잡초가 자라기 시작한다. 가장 나쁜 점은 내가 스스로에게 하는 이런 이야기들이 애초부터 사실이 아닌 것들 위에 세워져 있다는 것이다. 남편은 내가 식기세척기 비우는 걸 정말 싫어한다는 걸 안다. 반면, 남편은 식기세척기 비우는 걸 꺼려하지 않는다. 남편은 식기세척기를 비워주는 것이 나에게 큰 도움이 된다는 걸 안다. 남편은 아침 식사 후 식기세척기에 비워진 그릇을 넣으러 갈 때 내가 대체로 행복해하고 감사한 기분이 된다는 걸 안다. 남편은 내가 감사하고 행복한 기분일 때를 좋아한다. 식기세척기 비우는 건 그에게 작은 노력으로 큰 보상을 얻는 일이다.

그럼 왜 내가 남편이 일부러 식기세척기를 보고도 비우지 않기로 선택했다고 가정할까? 가능성이 높은 건 그가 단순히 잊어버렸다는 거다. 그리고 그가 잊어버렸다면, 나는 매일 뭔가를 잊어버리는 사람이니 당연히 재빨리 용서해야 한다.

사법 제도에는—남편이 변호사인 만큼 잘 알겠지만—"무죄 추정presumption of innocence"이라는 원칙이 있다. 이는 재판에서 피고는 "유죄가 증명될 때까지 무죄"로 간주된다는 뜻이다. 누군가를 유죄로 입증하려면 증거가 필요하다.

남편은 변호사로서의 일을 즐겼지만, 그 일은 매우 힘들고 에너지를 소모했다. 아침 일찍 출근해 저녁때까지 집에 오려고 애썼고, 아이들이 잠든 후 밤늦게까지 일했다. 늦게 귀가하는 날이면 일부러 늦게까지 일한다고, 사무실에 있고 싶어서 그러는 거라고 단정지었다. 하지만 그런 생각을 뒷받침할 증거는 전혀 없었다. 남편은 주말 내내 집에 있고 싶어 하고 우리와 함께 있고 싶어 했고, 평일 대부분 제시간에 퇴근하거나 심지어 교통체증을 피하려고 몇 분 일찍 나가기도 했다. 하루 종일 사무실에 있다가 사랑하는 아이들과 집밥 대신 책상을 선택할 리 없었다. 세 살짜리 아이의 포옹 대신 책상을 택할 거라 믿게 할 만한 행동은 단 한 번도 하지 않았다.

그런데도 나는 그를 너무 쉽게 유죄라고 단정해버렸다. 객관적인 판사라면 상황을 분명히 보겠지만, 잠을 못 자고 과도하게 자극받은 아내인 나는 매번 그 판사봉을 내리치곤 했다. 유죄! 왜 이렇게 쉽게 생각하는지 모르겠다. 내가 사랑하고 평생을 함께하기로 선택한 이 사람에 대한 내 본능이 왜 무죄 추정이 아닌 걸까?

최근 남편의 휴대폰 문제로 이런 일이 자주 발생했다. 내가 전화했을 때 남편이 받지 않으면, 그가 신경 쓰지 않는다고 생각했다. 아이러니하게도, 그는 보통 휴대폰을 무음 모드나 방해 금지 모드로 설정해 놓는다. 알림에 계속 방해받지 않고 현재에 더 집중하기 위해서다(우리는 기술 문제에 있어서 상충되는 우선순위들 때문에 늘 갈등에 빠져 있다). 내가 전화할 때 그가 완전히 준비된 상태로, 나에게 집중하고 세심하게 들어주길 원한다. 참고로, 내가 그의 전화를 자주 놓치는 것도 사실이다.

몇 년 전 남편은 찰스턴의 레이븐엘 다리^{Ravenel Bridge}에서 끔찍한 교통사고를 당했었다. 갑자기 차가 끼어들어 남편 차가 빙글빙글 돌다가 다리 방호벽에 충돌했고, 오후 5시 맞은편 차량 행렬을 완전히 마비시켰었다. 사고 직후, 그는 계속 나에게 전화를 걸었지만, 내 휴대폰은 집 안 어딘가에 있었다. 마침내 이웃에게 전화해 상황을 알렸고, 이웃이 집으로 와 알려줬다. 내가 가장 필요할 때 전화를 받지 않았음에도, 그는 침착하게 "날 데리러 와줄 수 있겠어?"라고만 말했었다. 다리를 건너는 동안 소방차와 푸른 경광등, 퇴근길 차량이 줄지어 막힌 모습을 볼 수 있었다. 그런데 내가 머릿속에 맴돌던 건 오로지 그가 계속 전화했을 때 내가 받지 않았다는 사실뿐이었다.

드디어 그를 데리러 갔을 때, 그는 나를 한 마디도 꾸짖지 않았다. 내가 사과를 거듭하자 그는 간단히 "괜찮아. 핸드폰이 곁에 없었잖아"라고만 했다. 당연히 나는 정말 미안했다. 남편이 가장 절실히 나를 필요로 했을 때 전화를 놓쳤으니까. 하지만 그가 나를 질책하거나, 이미 후회하고 있는 나를 더 괴롭혔다면 상황이 나아질 리 없었을 것이다. 대신 그는 나를 용서했다. 내가 일부러 그의 전화를 무시할 리 없다는 걸 알았기 때문이다. 그런 주장을 뒷받침할 증거가 없었고, 그래서 나에게 화내지 않았다. 그 순간 그는 내 무죄를 추정했고, 바로 그 하나의 행동이 모든 차이를 만들어냈다.

좋은 점

영화 〈굿 윌 헌팅〉에 이런 장면이 나온다. 숀 맥과이어(로빈 윌리엄스 분)가 사무실에서 윌 헌팅(맷 데이먼 분)과 이야기하는 장면이다. 숀은 수학 천재 윌을 가석방 중 사회에 잘 복귀할 수 있도록 돕는 치료사다. 한 치료 세션에서 윌은 숀에게 정말 좋아하는 여자친구가 있다고 말하고, 숀은 두 번째 데이트에 대해 묻는다. 대화는 이렇게 진행된다.

> 윌: "근데 이 여자애는, 말이죠, 예뻐요. 똑똑하고 재밌고요. 제가 사귀어 본 대부분의 여자애들과는 달라요."
>
> 숀: "그럼 전화해 봐, 로미오."
>
> 윌: "왜요? 제가 그렇게 해서 그녀가 똑똑하지 않고 지루하다는 걸 발견하게 되면요? 이 여자는 지금… 완벽해요. 그걸 망치고 싶지 않아요."
>
> 숀: "네가 지금 완벽한데? 너는 그녀의 완벽함을 망치고 싶지 않은 거잖아. 정말 대단한 철학인 걸, 윌. 그렇게 하면 평생 누구도 제대로 알 필요 없이 살아갈 수 있으니까."[1]

윌은 지금 함께 지내는 여자의 그런 모습이 마음에 든다. 그녀를 더 잘 알게 되어 결점을 알게 될 위험을 감수하기보다는, 차라리 거리를 두고 그녀의 완벽한 이미지를 유지하는 편을 택할 것이다.

숀은 윌이 과거에 대해 느끼는 깊은 수치심을 건드린다. 우리는 윌이 18세가 될 때까지 보호시설을 오가며 지냈고, 친구 척키

외에는 그를 진심으로 사랑하고 곁에 있어준 사람이 아무도 없었
다고 짐작할 수밖에 없다.

긴 침묵이 흐른다. 윌은 손이 비꼬는 걸 알지만, 이 여자를 알
아가는 게 위험을 감수할 만한 가치가 있는지 확신하지 못한다.
그러자 손이 죽은 아내가 긴장하면 방귀를 뀌곤 했다는 이야기를
꺼낸다. 둘은 폭소를 터뜨리고, 영화에서 윌이 손과 진심으로 함
께 웃는 모습을 처음 보게 된다. 윌은 손의 아내 이야기에 완전히
매료된다. 손이 특히 기억나는 순간을 떠올리며 웃음을 터뜨리자
둘은 눈물을 흘릴 정도로 깔깔대며 웃는다. 그때 손이 그녀의 방
귀 소리가 너무 커서 개와 자기 자신까지 깨웠다는 이야기를 한
다. 그러고는 손이 윌에게 이렇게 말한다.

“정말 멋진 거야, 알지? 그런 사소한 일들이 말이야. 내가 가장
그리워하는 건 바로 그런 것들이야, 오직 나만 알고 있던 사소
한 특이점들. 그게 그녀를 내 아내로 만들어준 거지. 사람들은
이런 것들을 결점이라고 부르지만, 그건 결점이 아니야. 그게
바로 좋은 거야. 그리고 우리는 우리만의 기묘한 작은 세계에
누구를 들여보낼지 그 한 사람을 선택할 수 있잖아.”[2]

우리 모두는 좋든 싫든 두 가지 면모를 지니고 있다. 하나는 대
중 앞에 내보이는 모습이고, 다른 하나는 경계를 풀고 진짜 자신

을 드러내는 모습이다. 나는 후자를 '커튼 뒤의 삶'이라 부른다. 대중의 시선에서 숨겨진 부분들이다. 누군가와 함께 지내기 시작하면 오래 걸리지 않아 그 사람의 커튼 뒤의 삶, 즉 그들만의 기묘한 작은 세계를 보게 된다.

나는 친구 린지의 남편 조쉬가 아침에 일어나서 뭘 하는지 모른다. 밤늦게까지 깨어 있는지, 새벽에 일어나는지도 모르고. 그의 가장 큰 꿈이 뭔지, 밤새 잠 못 이루게 하는 게 뭔지도 모른다. 하지만, 린지는 안다. 그녀는 조쉬 가족 관계의 복잡한 사정과 그가 대학 시절 어땠는지 까지도 알고 있다. 린지는 조쉬를 움직이게 하는 모든 기이한 특징들을 꿰뚫어 보고 있다. 마찬가지로 조쉬도 린지를 움직이게 하는 모든 면을 알고 있다. 나는 조쉬의 겉으로 보이는 면만 안다. 다른 사람들 앞에서 그가 선택적으로 보여주는 부분 말이다. 하지만 린지는 무대 뒤의 그 남자를 안다. 누군가를 진짜로 알게 되는 건, 커튼 뒤로 들어가는 일이다. 그곳은 가장 무서운 장소이면서도 가장 신성한 장소 중 하나다.

커튼 뒤에 숨겨진 누군가의 진짜 모습을 보게 될 때, 마치 옷을 벗은 채로 보는 것과 같다. 물론 결혼에서 성관계는 물리적인 측면이지만, 감정적인 측면은 그에 못지않게, 아니 더 중요하다. 대중 앞에서 사랑받고 인정받기 위해 우리가 씌워놓은 모든 가면은 커튼 뒤에서 벗겨진다. 남편은 내 감정 폭발과 불안감을 최전선에서 목격했다. 생리 중일 때 내 분노의 화살을 고스란히 맞고, 아이들에게 화를 내서 가장 나약해진 모습을 보았다. 하지만 그는 내 가장 깊은 기쁨과 웃음의 순간도 지켜보았다. 내가 어머니가 되는 순간을 함께했고, 새로운 레시피를 생각해냈을 때 내 얼굴에 번지는 설렘도 똑같이 목격했다. 밤늦게 욕조에 앉아 〈프렌즈〉를 스무 번째 재감상하며 웃고 있는 모습도 그가 보았다. 커튼 뒤에 서면, 모든 것을 보게 된다.

팀 켈러Tim Keller는 그의 저서 『결혼의 의미』에서 이렇게 썼다.

결점이 가려진 채 사랑 받는 것은 위로가 되지만 피상적이다. 결점이 알려지고 나서 사랑받지 못하는 것은 우리의 가장 큰 두려움이다. 그러나 결점이 온전히 알려지고 진정으로 사랑 받는 것은, 글쎄, 마치 하나님께 사랑받는 것과 매우 비슷하다. 그것은 우리가 무엇보다도 필요로 하는 것이다. 그것은 우리 를 위선에서 해방시키고, 자기의 의로움에서 겸손하게 하며, 삶이 던져주는 어떤 어려움에도 견딜 수 있도록 우리를 강하 게 한다.[3]

결혼은 커튼 뒤의 사람을 사랑해야 한다. 결혼 생활에서 오랫 동안 자신의 의로움을 유지하기는 매우 어렵다. 왜냐하면 그 사람 이 당신의 가장 약한 순간을 맨 앞자리에서 목격하기 때문이다. 이 책을 쓰는 지금도, 나는 인생에서 가장 요구 사항이 많은 시기

중 하나를 보내고 있다. 아이들 중 작은 애 두 명은 신체적 변화에 따른 요구를 하고 큰 애 두 명은 감정적 변화에 따른 요구를 하며, 나의 사업 프로젝트도 신경 써야 하고, 모두가 밥도 먹어야 한다. 내가 가장 스트레스 받을 때는 소셜 미디어에 망가진 모습을 방송하지 않는다. 아니, 그건 남편 네이트만을 위한 것이다. "그가 행운 아네"라고 농담으로 말하고 싶지만, 사실 진심으로 그렇게 생각한다. 그만이 나 전체, 진짜 나를 볼 수 있으니까.

결혼이란 누군가를 온전히 보고 사랑할 기회를 준다. 마찬가지로 누군가가 우리의 모든 결점을 보고도 사랑한다. 남편은 나를 움직이는 동기와 두려움이 무엇인지 안다. 내가 내면의 새로운 불안을 발견할 때 곁에 있어주는 사람이다. 그는 내 마음의 알몸을 안다. 내 육체의 알몸도 안다. 산후 몸이 예전의 나를 빈 껍데기로 느끼게 할 때, 그는 그 벗은 모습을 본다. 나 역시 그의 나이 드는 '아빠 몸매'를 본다. 탄력 있는 가슴과 복근이 영원하지 않다는 걸 신혼여행 때의 그 24세 연인들이 알았더라면….

하지만 이것이 결혼의 아름다움이다. 남편과 결혼한 지 거의 10년이 되었을 무렵, 나는 매일같이 남편이 다른 여자와 떠날 거라는 강박적인 생각에 시달리는 어두운 시기를 겪었다. 이는 그가 나를 대하는 방식과는 전혀 무관했으며, 오히려 내가 본질적으로 사랑받을 가치가 없다는 깊은 불안감에서 비롯된 것이었다. 네 명 아이들의 요구와 직장 일이 점점 부담으로 느껴졌고, 남편은 종종 내가 남긴 얼마 안 되는 여유만 받곤 했다. 나는 내가 감당하지 못하는 부분을 남편이 채워 주길 바랐으며, 모든 걸 해내지 못하는 자신에게 실망했다. 내가 최선의 상태가 아님은 알았다. 그리고 내가 믿고 있던 거짓은 남편이 나를 사랑하는 이유가 내가 그에게 해줄 수 있는 것, 내가 그와 우리 가족을 위해 헌신하는 모습 때문이라는 것이었다. 내 머릿속 목소리가 속삭였다. '넌 충분하지 않다는 걸 알고 있잖아. 머지않아 그도 그걸 깨닫게 될 거야. 그러면 그는 널 떠날 거야.'

만약 그에게 털어놓는다면, 그의 첫 반응은 패배감을 느끼고 내가 이런 기분을 느끼게 만든 게 자신 탓이라고 생각하는 거라는 걸 알았다. 가까운 친구들에게 조언을 구했는데, 친구 몰리가 결혼을 바라보는 내 시각을 영원히 바꿔놓는 말을 했다. 몰리는 남편이 나를 사랑함으로써 내 삶에서 치유의 도구가 될 수 있으며 내가 아무 것도 이루지 못할 때도 나를 사랑함으로써 나의 성취주의 패턴을 깨뜨릴 수 있다고 말했다. 그는 나의 있는 그대로를 사랑하는 데 그치지 않았다. 그의 사랑은 내가 누구인지 바꿀 수 있었다. 그의 사랑은 내가 사랑받기 위해 일해야 한다는 믿음에서 나를 자유롭게 할 수 있었다.

아이들이 잠든 어느 밤, 나는 눈물을 글썽이며 떨리는 목소리로 그에게 내 마음속 그림을 털어놓았다. 그가 떠나지 않을 거라고 자주 상기시켜 달라고, 다른 사람들이 필요하다고 생각할 만큼

보다 더 많이 나를 꼭 안아 달라고 부탁했다. 그에게 이런 말을 했다는 사실, 이렇게나 의존적이라는 사실이 스스로 싫었지만, 나는 그가 내 삶이 힘들어지거나 내가 더 이상 재미가 없어지고 예쁘지 않을 때도 포기하지 않는다는 걸 확인하고 싶었다. 남편이 신이 아니며 내가 갈망하는 인정의 공허함을 채울 수는 없지만, 그는 진정한 구원의 매개체가 될 수 있다. 그는 커튼 뒤에 숨겨진 것들에도 불구하고, 그리고 그 때문에 나를 사랑할 수 있다.

소박한 로맨스

로맨스는 어린아이들이 있으면 정말 어렵다. 기준선이 엄청 낮아지는 것 같고, 그러다 보면 어느새 아이스크림 한 그릇을 놓고 30분짜리 쇼를 보는 게 불금의 '대단한' 새로운 표준이 되어 버린다. 대학 시절 나는 기독교 캠퍼스 사역 단체에 속해 있었다. 여름마다 우리는 '서머 프로젝트Summer Project'라는 6주 프로그램에 참여했는데, 플로리다 올랜도의 한 모텔에 함께 살면서 오전에는 예수님에 대해 배우고 오후에는 디즈니랜드에서 일했다. 대학 시절 나는 디즈니-MGM 스튜디오(지금의 디즈니 할리우드 스튜디오)에서 두 번의 여름을 보냈고(이 공원은 2008년에 '디즈니 할리우드 스튜디오'로 이름이 바뀌었다), 씨월드에서도 두 번의 여름을 일했다(그때는 트레이너들이 고래와 함께 수영하던 전성기였고, 다큐멘터리 「블랙피시」가 2013년에 공개되기 전이었다). 그리고 '보너스'로 한 번 더, 미국에서 손꼽히게 바쁜 칙필레Chick-fil-A 매장에서 여름에 일했는데, (놀랍지도 않게) 디즈니랜드 정문 바로 밖에 있는 곳이었다.

모텔 1층에는 네다섯 명씩 남자들 방이 쭉 있었고, 2층에는 여자들 방이 모여 있었다. 다닥다닥 붙어 지내야 했지만, 그 여름들은 내 인생에서 가장 즐거운 시간들이었다. 모두가 손꼽아 기다리던 것 중 하나가 바로 주일 밤 단체 미팅(그룹 데이트)이었다. 매주 일요일 밤에는 시간이 비어 있었고, 종종 남자 방 하나가 여자 방 하나에게 그 시간에 맞춰 단체 데이트를 신청하곤 했다. 어떻게 여자 방을 초대할지부터 실제 데이트를 위해 어떻게 꾸밀 지까지, 모든 게 늘 엄청나게 재미있고 굉장했으며, 촌스러우면서도 좋았다. 여자들이 발코니에 앉아 있으면 남자들이 아래에서 시를 읊어 주는 이벤트 같은 건 흔한 일이었다.

다시 캠퍼스로 돌아와서도 많은 남자들이 이런 단체 데이트의 분위기를 이어 갔는데, 더 이상은 '단체'가 아니라 1:1 데이트로 이어졌다. 전체적으로 보면 이건 참 좋은 문화였다. 남자들에게 '데이트 준비하는 법'을 가르쳐 주었기 때문이다. 그들은 의도적으로, 그리고 사려 깊게 계획하는 법을 배웠다. 하지만 이런 까다로운 기준은 내 결혼 초기에 많은 실망을 낳기도 했고, 모든 데이트는 반드시 남자가 계획하고 실행해야 한다는 잘못된 생각을 굳히는 데도 한몫했다. 공들인 데이트를 준비하는 일은 엄청난 시간도 필요했지만, 우리 커플에게는 없는 여윳돈도 필요했다. 우리는 더 이상 친구들 무리에 둘러싸인, 할 일이라고는 출석뿐인 즐거운 대학 시절의 환상 속에 살고 있지 않았다. 우리는 각자 직장이 있었고, 생활 속에서 내야 할 청구서들도 있었다. 결혼 후 2년 안에 첫째 존 로버트가 태어났고, 그 즈음 남편은 LSAT 공부를 시작했다. 정신을 차리고 보니, 그가 로스쿨을 다니는 동안 우리에게는 어느새 두 아이가 생겨 있었다.

남편과의 데이트는 늘 실망의 온상이 되어버렸다. 결국 남편은 나의 데이트에 대한 높은 기대가 그를 숨막히게 하고 있다고 말했고, 그가 옳았다. 깨달은 건, 사실 나도 데이트 계획을 세우는 걸 좋아한다는 거였다. 재미있는 아이디어가 더 많았고, 어디로 갈지 의견도 훨씬 더 많았다. 게다가 남편보다도 정신적 여유가 더 많았다. 육체적으로는 힘들었지만, 유아와 신생아와의 일상은 정신적인 요구가 크지 않았다. 반면 남편은 책상 앞에 앉아 육체적 부담은 거의 없었지만 정신적 요구가 엄청났다. 그래서 내가 우리 데이트를 더 많이 계획하기 시작했다. 식당을 예약하고, 베이비시터를 구하고, 달력에 표시했다.

우리 장소는 치즈케이크 팩토리였다. 저녁을 먹고, 둘째 스카우트의 땅콩버터 컵 푸지 리플 치즈케이크 한 조각을 후하게 지출한 뒤, 집에 갈 때까지 반스앤노블 서점을 둘러보곤 했다. 그런 데이트에서 무슨 일이 일어났을까? 로맨스였다! 아이들 없이 우리 둘만, 보통 독한 음료 한 잔과 탄수화물을 잔뜩 곁들인 채로. 찰스턴으로 이사 와서 치즈케이크 팩토리를 떠나보내야 했음에도, 데이트를 끝낼 때 우리는 여전히 반스앤노블 서점으로 향했다. 결혼한 지는 얼마 되지 않았지만, 한 가지 깨달은 건 계절은 오고 가는 법이라는 거다. 때로는 한 사람이 계획을 세울 여력이 더 있다. 예산이나 육아 제약 때문에 데이트가 뜸해질 때도 있다. 하지만 로맨스는 누가 계획했는지, 얼마나 공들였는지 따지는 데 있지 않고, 함께하는 시간 자체에 있다.

지난 5년은 마치 물에 빠진 듯한 느낌이었다. 나 스스로 구명 뗏목이 필요하다는 생각이 얼마나 많이 들었는지 모르겠지만, 곁을 돌아보니 바로 옆에서 네이트는 허우적대며 버티고 있었다는 걸 깨달았다. 우리 둘 다 개처럼 지쳤다. 지금처럼 어린아이들이 많은 시기에는 로맨스가 조금 다르게 느껴진다. 가끔 고급 레스토랑에 가는 건 멋지지만, 아이들이 잠든 후 남편이 장난감을 치워주는 거나 내가 출근길 도시락을 챙겨주는 게 훨씬 더 로맨틱하게 느껴진다.

결혼 생활에서 힘든 점 중 하나는, 우리 문화가 보통 배우자의 가장 큰 강점이나 치명적 약점만 이야기한다는 거다. 하지만 일상에서 매일매일 눈에 띄지 않는 수많은 멋지고 평범한 행동들이 있다. 식기세척기 비우기, 출근길에 뺨에 살짝 하는 입맞춤, '너 생각났어'라는 짧은 문자. 결혼을 이루는 수많은 작은 디테일들, 부부만 공유하는 속내 농담과 추억들 말이다.

구글에 "로맨스 정의"라고 치면 첫 번째 결과가 "사랑과 관련된 흥분과 신비로움의 감정"이라고 나온다.[4] 〈더 배첼러〉나 〈러브 이즈 블라인드〉 같은 연애 프로그램이 높은 인기를 끄는 이유는 로맨스(솔직히 말하면 드라마도 있지만)에 중점을 두기 때문이다. 데이트 단계에서는 설거지나 집세 같은 현실 부담이 없으니 커플이 완벽해 보인다. 이 쇼들은 흥분과 신비에 초점을 맞추기 때문에 시청하면서 쉽게 '아, 남편이 칸쿤 해변 프라이빗 디너라도 해줬으면' 하며 우리 남편을 무능력자 취급하기 쉽다. 하지만 진짜 사랑이 요구하는 현실에 직면하게 되면 프로그램 속 커플들은 종종 최종 선택을 포기하곤 한다. 칸쿤 해변가 저녁은 즐거웠지만, 여자가 화장실을 공유하는 걸 싫어하거나, 남자가 여자의 소비 습관을 마음에 들어하지 않는다.

나는 여전히 화려한 로맨스를 원한다. 하지만 우리는 소박한 로맨스에 훨씬 더 익숙해졌다. 모든 혼돈 속에 함께 헌신하는 로맨스 말이다. 남편이 아버지에게 마지막 작별 인사를 할 때 곁에 앉아 있는 로맨스. 그의 마음이 찢어지는 걸 느끼면서 고칠 수는 없지만, 회복될 때까지 매일 함께하겠다고 약속하는 로맨스. 내가 소파에서 잠들면 담요를 덮어주는 로맨스. 내가 가게에서 그의 좋아하는 감자칩을 사 오거나, 그가 아침에 커피를 내리는 로맨스. 내가 사과할 때의 로맨스, 그가 내 사과를 받아줄 때의 로맨스. 그리고 인생을 쌓아가는 로맨스.

  저스트 위시 JUST WISH

남편과 나는 결혼식 하면 떠오르는 전형적인 결혼 서약을 나눴다. "좋을 때나 나쁠 때나, 부유할 때나 가난할 때나, 병날 때나 건강할 때나." 마지막 구절은 항상 내게 비극적인 장면을 떠올리게 한다—나 혹은 남편이 병원 침대에 누워 있고 우리는 몸이 마비됐거나 암 선고를 방금 받은 상황. 참으로 비참한 장면이지만, 젊고 사랑에 빠져 있을 때는 '이 사람을 위해서라면 뭐든 할 수 있어'라고 생각하게 된다. 다른 구절도 마찬가지로 중요하다. "사랑하고 아끼며"라는 말. 만약 이런 끔찍한 상황 중 하나가 현실이 된다면, 나는 단순히 의무감만으로 남편 곁에 머무는 것이 아니라 그를 사랑하고 아껴야 한다. 침대용 변기나 영양 튜브 같은 게 필요해지면 좀 더 어려워질 수도 있겠다. 하늘의 뜻이라면 그런 비극을 마주할 일은 없겠지만, 우리는 매일매일 "좋을 때나 나쁠 때나"라는 서약으로 살아가고 죽어간다. 나, 케이트는 남편, 네이트를, 강점과 약점 모두를 받아들이며, 좋은 날과 나쁜 날을 함께 하기로 서약합니다. 사랑하고 아끼며… 좋을 때나 나쁠 때나.

좋든 나쁘든, 우리는 사람 자체를 사랑하도록 부름 받았다.

내 절친 리사는 내가 아는 사람 중 가장 에너지 넘치고 열정적인 사람과 결혼했다. 앨런(모두 애정 어린 '베이브스'라고 부른다)은 남편 네이트의 어린 시절부터 최고의 친구였고, 우리가 사랑하는 두 사람이 결혼했을 때 대박을 터뜨린 기분이었다. 리사와 나는 네이트와 베이브스가 얼마나 다른지 웃으며 이야기한다. 베이브스는 잠이 거의 필요 없고 언제나 재미있는 모험을 즐기려 한다. 반면 네이트는 조용한 저녁과 합리적인 취침 시간을 사랑한다. 새해 전야제 때 우리 모두가 지쳐서 잠자리에 들 채비를 하고 있을 때, 베이브스는 자정까지 우리를 북돋우려고 샴페인을 터뜨렸다. 네이트와 나는 지금도 웃으며 떠올리는데, 카운트다운 볼(새해 전야제 뉴욕 타임즈퀘어에서 전통적으로 하는 유리공 떨어뜨리기 행사―볼 드롭)이 떨어지자마자 베이브스가 네이트에게 길 건너 로컬 바에 갈래? 하고 물었다. 집에는 8세 이하 아이들 여덟 명이 잠들어 있었고, 다음 날 베이브스는 DC로 7시간 운전을 해야 했는데도! 하지만 베이브스는 자신의 최고 친구 중 하나와 재미있게 보내며, 그 밤이 끝나길 원치 않았다.

　네 명이 모두 결혼 초창기였을 때, 나는 리사에게 남편 네이트가 어떤 면에서는 내가 원했던 모습이 아니라고 한탄했다. 리사는 아주 부드럽게 대답했다. "케이트, 다 가질 수는 없어. 계획성 있게 잘 짜는 남자이면서 동시에 엄청나게 즉흥적인 남자를 가질 수는 없어. 내성적이면서 외향적인 사람도 가질 수 없고. 네이트의 사랑스러운 점들이 바로 그를 네이트답게 만드는 거야. 그 밖의 다른 면까지 요구하는 건, 네가 사랑하는 그 점들을 잃게 하는 거나 마찬가지야." 그녀는 자기 남편에 대해서도 비슷하게 말했다. "나는 앨런의 즉흥적인 기운을 사랑해. 그게 우리 결혼 생활을 재미있게 만드는 이유 중 하나지. 마찬가지로, 그에게 완벽하게 계획적이고 체계적인 것을 기대할 수는 없어. 그건 본질적으로 분열성 인격을 요구하는 거나 마찬가지야."

분열성 인격은 연쇄살인자에게는 잘 맞을지 몰라도, 결혼 상대로는 별로다. 남편 네이트에게서 내가 사랑하는 점들—그의 지성, 독서 사랑, 차분하고 균형 잡힌 성격—은 충동적이고 감정 기복이 심한 사람과는 양립되지 않는다. 그런 모든 항목을 다 가진 사람과 결혼했다면, 나는 지치고 혼란스러웠을 것이다.

네 아이를 낳은 지금, 베이브스가 잠이 적게 필요한 건 리사에게 그의 가장 큰 강점이다. 그는 자정까지 일하고도 새벽에 유아들과 일어날 수 있고, 신생아 야간 당번을 맡을 수도 있다. 게다가 여행할 때도 가장 재미있는 사람인데, 온 가족이 할 독특하고 창의적인 활동을 샅샅이 찾아낸다. 이 책을 쓰면서 남편 네이트의 독서 사랑은 나에게 가장 큰 축복이었다. 모든 챕터는 먼저 그의 편집을 거쳤다. 게다가 그는 내 불안을 완벽하게 균형 잡아 주는데, 그의 논리가 나의 비이성적인 두려움을 많이 가라앉혀 준다. 좋을 때나 나쁠 때나, 네이트는 온전한 사람이다. 좋은 것만 취하고 나쁜 건 버릴 수 없고, 버리고 싶지도 않다. 그 일부가 빠지면 그의 절반이 사라질 테니까.

복리

복리 효과는 여전히 잘 이해가 안 된다. 간단히 말해, 돈을 예금하면 이자가 붙는다. 시간이 지나면서 그 이자마저 이자를 낳는다. 은행에 20% 이자로 5달러를 넣으면 1년 뒤에는 6달러(원금 5달러 + 이자 1달러)가 된다. 다음 해에는 5달러가 아니라 이미 6달러에 20% 이자가 붙으니 더 큰 이자가 생긴다. 아이가 태어났을 때 계좌를 개설해 천 달러를 넣고 매년 10% 이자가 붙는다고 하자. 65세에 인출하면 490,370.73달러가 된다. 초기 금액이 매년 불어나듯 이자도 불어난다. 복리의 가장 큰 요소는 바로 시간이다. 같은 금액을 같은 이율로 투자해도, 먼저 시작한 사람이 더 많은 돈을 갖게 되는 건 단순히 시간이 더 많았기 때문이다.

35세인 지금, 수십 년에 걸쳐 누군가를 알아가는 친밀함을 상상하기 어렵다. 나는 아버지 로비를 그냥 '아빠'로만 알지, 대학생 때의 로비도, 대학원을 막 졸업한 로비도, 초보 아빠일 때의 로비도 모른다. 하지만 엄마는 아버지에 대해 잘 안다. 아버지의 각 단계의 삶이 그 위에 쌓인 또 다른 단계의 삶 아래 숨겨져 있는 걸 알고, 아버지가 거쳐온 모든 모습을 지켜볼 특권을 누리셨다. 우리의 삶은 마치 러시아 인형처럼 과거 경험이 다음 경험 아래에 숨겨져 있다. 남편 네이트는 나의 모든 단계를 안다. 매년, 매 계절이 새로운 층을 더한다고 생각하면 좋겠다. 결혼은 이 새로운 층뿐 아니라 그 아래 모든 층을 품는다. 사랑은 새로운 한 가지에 기반한 게 아니라, 수년간 쌓인 공유된 경험에 뿌리를 둔다. 인내하거나 관용을 베풀거나 로맨틱한 여행에 투자할 때, 그해의 이익뿐 아니라 결혼 전체에 이익이 된다. 투자는 해마다 복리로 불어난다. 그렇게 생각해 보니 남편 네이트가 되어가는 모습의 새로운 층을 볼 수 있고 그 아래 층도 잘 알며, 매년 이전 해에 더해 복리로 쌓인다는 관점에서 누군가와 늙어가는 건 흥미롭게 느껴진다.

"너도?"

C.S. 루이스가 우정에 대해 한 말은 다음과 같다.

우정은 단순한 동반에서 비롯된다. 두 명 이상의 동행자들이 다른 이들과 공유하지 않는 어떤 통찰력, 관심사, 심지어 취향까지도 서로 공통으로 가졌다는 걸 발견할 때 그 순간까지 각자 그걸 유일한 자신만의 독특한 보물(혹은 짐)이라 여겨왔던 그것을 발견할 때 우정은 시작된다. 우정이 싹트는 전형적인 표현은 대개 이렇게 나타난다. "뭐? 너도? 나만 그런 줄 알았는데."[5]

결혼 생활에 가장 큰 도움이 된 건 바로 내 친구들이다. 대학 시절부터 10년 넘게 나를 알아 온 소수의 절친한 친구들이 있다는 건 정말 큰 행운이다. 이 친구들은 내 차 트렁크에 시체가 실려 있을 때 구덩이를 파는 걸 도와달라고 전화할 만한 그런 친구들이다. 이 절친들은 내 결혼 생활의 기복을 가장 가까이에서 지켜보았으며, 나 역시 그들의 삶 속 가장 가까운 자리에서 지켜보고 있다. 어떤 주제도 금기 사항이 없다. 데이트 아이디어부터 산후 섹스가 아픈 문제까지 모든 게 공유된다.

지난해 우리 모두 주말 여행을 함께 보냈는데, 2시간 만에 "섹스의 기복" 토크로 배꼽 빠지게 웃다가, 각자 삶에서 가장 힘들게 느끼는 것을 나누며 눈물 바다가 된 적이 있다. 이런 우정의 아름다움은 좋은 일과 나쁜 일을 함께 나누는 데 있다. 친구들은 일이 잘 풀릴 때 축하해줄 수 있는 이유가, 일이 항상 잘 풀리는 게 아니라는 걸 알기 때문이다. 우리 모두 엉망이고 이상한 감정을 공유하니, 서로서로 정상이고 이해받는 느낌이 든다.

지난해 한 친구가 눈물 흘리며 고백했다. 남편과 함께 아이 키우는 데 너무 많은 에너지를 쏟다 보니, 결혼의 로맨스를 잃어가고 있다는 두려움과 아이들이 대학에 가고 나면, 둘 사이의 공통점이 없어지고, 결국 로맨스가 사라질거라는 두려움. 그녀 말에 여러 친구가 비슷한 결혼의 두려움을 털어놓았다. 완벽한 답은 없었지만, 다른 사람들도 똑같이 느끼고 있다는 사실, 그녀만 그런 게 아니라는 깨달음에서 큰 위로를 얻었다. 그리고 스포일러로 말하자면, 모든 친구가 결혼 생활에 어려움을 겪고 있다. 모두가 섹스에 대해 복잡한 감정을 가지고 있고, 나이 드는 몸과의 관계도 쉽지 않다.

　　　　　　　　　　　　　　　　　　　저스트 위시 JUST WISH

나도 지역에서 이런 조건에 맞는 친구들을 사귀는 데 성공했다. 새로운 관계에서는 보통 더 취약한 이야기를 던져보며 반응을 살핀다. 어떤 이는 바로 이해하고 자기 이야기를 나누고, 어떤 이는 고개 끄덕이며 미소 짓다가 화제를 돌리기도 한다. 후자의 경우 어색할 때도 있지만, 시도해 보기 전엔 알 수 없고, 대개는 상대도 나누고 싶은 이야기가 있어 나처럼 속 깊은 친구를 찾고 있다. 여성으로서 우리는 모든 걸 완벽하게 해내고 싶은 욕망이 강하다. 약점을 드러내면 소외될까 봐 두려워하지만, 내 경험으로는 오히려 반대다. 인스타그램에 결혼 생활의 더 깊은 취약함을 공유한 몇 번, 댓글은 쏟아졌다. 모두 "와, 우리 남편과 나만 이런 사소한 일로 싸우고 저런 문제로 고생하는 줄 알았어요."라는 같은 반응을 보였다. 모두 "나만 그런 게 아니라는 게 다행이에요. 우리 결혼이 더 정상적으로 느껴져요"라는 후렴구가 반복됐다. 수많은 여성이 이런 우정의 친밀함을 갈망하고, 결혼의 어려움을 고유한 고립으로 믿고 있다—그건 전혀 독특하지 않은데도.

깊고 의미 있는 우정이 결혼에 도움이 되는 이유가 바로 이거다. 내가 혼자가 아니라는 걸 상기시켜주기 때문이다. 내가 마주한 어려움은 유일한 짐이 아니다. 다른 이들도 나처럼 고군분투한다는 걸 깨닫고, 결혼의 힘든 부분도 부끄러워서 숨길 필요가 없다는 걸 알게 된다. 대부분 내가 먼저 나서면, "뭐라고? 너도? 나만 그랬다고 생각했어."라고 말하는 친구를 만나게 된다.[6]

사고 방식 변화 결혼은 남편의 온전한 인간성을 보게 해준다—배우자만 알 수 있는 깊은 부분까지. 이는 내가 좋은 점과 나쁜 점 모두를 최전선에서 지켜보는 것과 마찬가지로, 배우자도 나를 그렇게 본다는 뜻이다. 우리가 매일 서로를 선택하고, 선의로 출발하며, 온전한 사람을 사랑할 때, 시간이 지나면서 우리의 사랑은 단순히 자라날 뿐 아니라 복리로 불어난다.

실천 단계

1. 무죄추정의 원칙: 결혼 생활에서 배우자에 대해 의심하고 있는 부분이 있나요? 그것을 뒷받침할 확실한 증거가 없는 데도요?

2. 좋은 점: 배우자에 대해 사랑스럽고 재미있는 점들을 몇 가지 적어보세요. 다음 데이트 때 그 목록을 공유해 보는 건 어떨까요? 배우자에 대해 알고 있는 모든 것을 잠시 생각해 보세요. 함께 겪어온 삶의 모든 계절을 생각하고, 앞으로 다가올 모든 계절을 꿈꿔보세요.

3. 로맨스의 진실: 지금 결혼 생활에서 누가 더 여유가 있나요? 배우자가 로맨스를 표현하려 하고 있지만, 그렇게 보이지 않는 행동들이 있나요? 그것을 어떻게 그들에게 전달할 수 있을까요?

4. "좋을 때나 나쁠 때나": 배우자에게서 사랑하는 점과 불편한 점은 무엇인가요? 사랑하는 점과 불편한 점이 서로 상충되나요? 배우자의 불편한 점들은 본인이 개인적으로 강한 부분인가요?

 저스트 위시 JUST WISH

5. “너도? 나만 그런 줄 알았는데”:[7] 믿을 수 있는 친구가 누구인가요? 이번 주에 그 사람에게 당신의 결혼 생활과 그 진행 상황에 대해 털어놓아 보세요. 털어놓을 친구가 부족하신가요? 결혼 생활을 공유함으로써 서로를 진짜로 알게 되는 깊은 우정에 먼저 다가가는 걸 두려워하지 마세요. 멀리 사는 절친과의 전화 통화든, 누군가를 더 알아가기 위한 커피 데이트든, 마음을 열고 취약함을 먼저 드러내면 자신과 비슷한 감정을 가진 사람들이 다르게 느끼는 사람들보다 훨씬 많다는 걸 알게 될 거예요.

| JUST WISH |

단지 친구가
좀 더 많았으면

우리는 때때로 폐쇄적이고 어두운 이야기를 갖고 있지만, 진
정한 친구는 우리의 이야기에 불을 밝혀주고 창문을 열어주
며, 같은 이야기라도 수없이 많은 방식으로 풀어낼 수 있다
는 걸 깨우쳐 준다.

— 쇼나 니퀴스트, 『달콤쌉싸름』

인생에서 우정을 완전히 새로 시작해야 했던 순간이 두
번 있었다. 첫 번째는 대학에 가면서였다. 고등학교를
졸업하며 친구들과의 인연이 많이 끊어졌다. 당시 남자친구와 어
울리는 걸 우선시하느라 여자 친구들과의 관계에 대한 투자를 어
리석게 미뤘기 때문이었다. 처음 대학에 입학했을 때 아는 사람이
아무도 없었고, 첫 학기 동안 매 주말을 두 곳 중 한 곳에서 주로
보냈다. 차를 몰고 샬롯으로 가서 이모와 삼촌 댁에 머물거나, 아
니면 캠퍼스를 벗어나 15번 고속도로 501번 출구에 있는 보더스

서점에서 책을 읽곤 했다. 다행히 우리 학교는 타지에서 온 신입생도 차를 가질 수 있었고, 그게 캠퍼스 탈출의 열쇠였다. 대부분 학생들이 주말을 기다렸지만, 나는 사실 두려워했다. 평일은 아무 문제없이 일정대로 흘러가니 편안하게 느껴졌다. 그냥 수업을 듣고 숙제를 하면 됐다. 하지만 금요일 밤만 되면 계획이 거의 없다는 것이 현실로 다가왔다. 기숙사 공용 공간에는 고등학교 때부터 서로 알고 지내는 사람들끼리 어울리고 있었다. 신입 기숙사는 바깥쪽 복도에 모래 배구장이 있어서, 가끔 용기를 내서 배구 게임에 끼어들어 친구를 사귀려 했다. 대학은 자유로울 거라 기대했지만, 결국 나는 외로움에 갇혔다.

나는 아웃사이더였다. 사람들은 이미 무리를 이루었고, 끼어들려 애쓰는 건 나였고, 새로 친구가 필요한 건 나뿐이었다. 결국 여학생 사교 동아리 두어 개에 가입하고 나서 기숙사 친구들도 사귀었지만, 첫 학기 토요일마다 속이 쓰린 느낌은 아직도 생생하다. 세상 모든 시간이 내 것이었지만, 함께할 사람은 아무도 없었다. 학교에 합격했지만 진정한 소속감을 전혀 느끼지 못했다. 처음 몇 달은 향수병에 사로잡혀 울다 잠들었다.

2학년이 되면서 마침내 함께 시간을 보낼 사람들이 생겼고, 그후 3년간 그 우정들은 깊게 뿌리내렸다. 함께 살며, 등교길을 함께하고, 밤새 공부하는, 대학이라는 사회에서만 가능한 풍요와 깊이가 있었다. 대학은 우정을 키우는 온실과도 같았다. 많은 학생들처럼, 네이트와 나는 졸업 후 6년간 대학 근처에 머물렀다. 대학 절친 네 명이 나와 거의 같은 시기에 결혼했고, 우리는 결혼 초기를 함께 겪어냈다.

가장 기억에 남는 건 우리 모두가 완전히 빈털터리였지만, 그 단계를 함께하는 게 얼마나 즐거웠는 지다. 모두 임대 아파트에 살았으며, 중고 가구(결혼 선물 목록에 있던 새 주방용품과는 극명한 대조를 이루었다)와 넘치는 여유 시간을 가졌다. 네이트와 나는 친구들로부터 그들의 부모님 집 지하실에서 나온 소파를 물려받았다. 최소 15년 된 물건이었지만, 우리가 해야 할 일은 그 소파를 2마일 떨어진 우리 거처 듀플렉스까지 운반하는 것뿐이었다. 제한 속도 밑으로 조심스레 운전해 가다 소파 한 부분이 바람에 날려 힐스보로 로드에 추락하며 부서졌다. 그 후 4년간 우리는 뒤쪽에 커다란 구멍이 난 그 소파를 덕트 테이프로 붙여서 썼다. 친구들과 모여 반짝이는 새 접시에 싸구려 음식을 먹으며 어울리지 않는 가구에 덕트 테이프를 붙인 채 앉아 있었지만, 아무도 신경 쓰지 않았다.

네이트가 로스쿨을 졸업한 후, 우리는 노스캐롤라이나 대학에 있던 친구들을 뒤로하고 가족들 사는 곳 근처로 이사했다. 갑자기 가족은 많아졌지만 친구는 부족했다. 고향에서 고등학교 친구들과 재회할 거라 기대했지만 아무도 없었다. 처음부터 다시 시작한다는 생각으로 아이 엄마들과 친교 생활을 하려고 노력했고, 그러기 위해 공원에 자주 나가 있어야 했다. 이런 종류의 우정은 수없이 많은 외부 방해 요소들이 있기 때문에 성과를 내는데 훨씬 더 많은 시간이 걸린다는 것을 깨달았다. 어떨 때는 공원에서 서로의 취약한 모습을 드러내며 친해지나 싶다가도, 순간 아이가 넘어져 무릎이 깨지면 대화가 끊기곤 했다. 피가 나면 잠시 멈춰 반창고를 찾아야 했고, 그렇게 사교의 순간은 순식간에 사라져 버렸다. 대학 시절의 우정이 온실이었다면, 아이 엄마들을 친구로 사귀는 것은 건조한 기후의 험준한 땅과 같았다.

사교 인맥을 최대한 넓히기 위해 어떤 관계가 계속 이어질지 관찰해보기로 했다. 공원에서 누군가와 자연스럽게 만나면 먼저 아이 나이를 물어보며 이야기를 나눴다. 괜찮은 사람 같고 우리 동네에 산다면 번호를 물어보며 "다음에 공원 올 때 연락할게요"라고 했지만(사실 나는 매일 그 공원에 있었다) 헤어지면 바로 메모 앱을 열어 대화 내용을 적었다. "크리스티나, 아들은 제이콥, 15개월, 남편 댄은 의대생 오하이오 출신." 완전 스토커 수준의 메모였다. 만약 누가 봤다면 신고했을 거다. 하지만 다음에 크리스티나를 만나면 남편 이름을 기억하고 "시댁 부모님은 오하이오에서 언제 오시나요?"라고 물으며 깊은 인상 줬다. 크리스티나가 좋은 친구가 될 수도, 아닐 수도 있지만, 적어도 외로운 공원 데이트 하나는 덜었다.

이윽고 몇몇 엄마들과 관계를 만들기 시작했다. 공원 데이트 한 번이 두 번이 되고, 여러 번 만남으로 이어졌다. 어쩌면 2루(치크필레 점심), 심지어 3루(집에서 저녁, 남편들 처음 만남)까지. 남편들도 잘 맞으면 서로 만루 홈런을 치고 드디어 커플 친구로 탄생이 되는 것이다!

　네 번째 아이 앨버타가 태어난 후, 나는 끔찍한 산후 불안증과 싸우느라 정신이 없었다. 첫째 아이와 같은 초등학교에 다니는 친구 엄마 크리스틴이 학교에서 내 아이를 데려다주겠다고 했다. 그 날 그녀가 아이를 데려다줬을 때, 나는 머리는 헝클어진 채, 셔츠에는 토사물이 묻은 채, 잠옷 차림으로 문을 나섰다. 오후 4시였다. 한 시간 안에 그녀가 문자를 보냈다. "다음 달 내내 매일 데려다줄게요." 오후 4시에도 위생 불량의 잠옷을 입고있던 나의 모습이 SOS 신호를 보낸 모양이었다. 이런 일방적인 호의는 불편했다. 보답할 방법도 없었고(말 그대로, 내 차에 그녀 아이 둘과 내 아이들을 다 못 태웠다), 괜히 빚진 기분이었다. 그녀는 자신에게는 별 일 아니라며, 여분의 좌석이 있고 어차피 학교에 갈 예정이었다고 나를 안심시켰다. 몇 주 후, 동네에 사는 또 다른 친구가 스카우트와 밀리를 유치원에 데려다 주겠다고 제안했다. 그녀는 주말 약속 때문에 차에 여분의 카시트 두 개가 있었고, 쉽게 가져올 수 있다고 했다. 한 번이 일주일로 이어졌고, 어느새 그녀는 올해 남은 기간 동안 매일 내 두 딸을 학교에 데려다주고 데려오겠다고 제안했다. 크리스틴처럼 린지도 여분의 좌석이 있고 어차피 그 길로 간다고 했다. 그들에게는 사소한 일일지 몰라도 나에게는 엄청난 일이었다. 나는 다시 한번 그 은혜를 갚을 수 없는 상황에 처했다.

평생 대부분은 내가 우정에서 주는 쪽이었고, 적어도 서로 균형이 맞는 위치였다. 내 아이 봐줄래? 다음 주에 너희 애 데려올게. 그게 훨씬 편했다. 받기만 하는 쪽은 낯설었다. 균형이 깨진 기분에 어떻게 맞춰야 할지 고민했다. 여기서는 내가 "약한" 친구였다. 너무 육아에 바빠서 머리 손질 하나 제대로 못해 도움이 절대적으로 필요한 친구. 이런 경험 전에는, 우정은 노력과 수고를 기울일 때 생긴다고 했을 거다. 먼저 아는 체 나서고, 휴대폰에 비밀 메모를 남기고, 세부 사항을 기록하는 거. 하지만 내가 깨닫지 못했던 것은, 내가 구원받아야 할 자선 대상(나 자신)으로 여겼던 것을 그들은 우정으로 보았다는 점이었다. 그들의 도움은 우리 사이를 우정으로 만들어가고 있었다.

크리스틴과 린지가 매일 우리 아이들을 학교에서 집으로 데려다 주었기에, 나는 그들을 매일 마주칠 수 밖에 없었다. 우리는 끊임없이 접점을 만들고, 사소한 대화를 나눴다. 그 매일의 등하교는 아이 친구 엄마라는 메마른 땅에, 꼭 필요한 물과 햇살이었다. 보통 아이들은 같이 놀아도 부끄러움 없이 친구가 되지만, 어른들은 사회적 규칙을 지켜야 한다고 느끼며 결핍을 보이기 싫어한다. 현실적으로 우정에는 투자가 필요하고, 시간과 상호 접점이 있어야 한다. 청소년기에도 초기 투자가 엄청나다. 함께한 수많은 시간들이 후에 물리적 거리가 멀어진 후에도 오랫동안 친밀함을 유지할 수 있게 해준다. 그런데 성인이 되면 더 까다로워진다. 하지만 어떤 경우는, 오후 4시에도 더러운 잠옷 차림으로 도움을 받아들이는 게 서로간의 우정이 자라날 공간을 만든다는 걸 배웠다.

새로 이주해 온 엄마가 남의 도움을 받아들이는 데 있어, '온라인 음식 나눔 시스템'처럼 도움되는 것은 없다. 남부 출신이 아니라면 음식 나눔 시스템 개념 자체가 낯설 수 있다. 본질적으로 지인들이 가깝든 멀든 온라인으로 하루씩 음식을 미리 등록해 가져다주는 시스템이다. 직접 가져다주거나 배달을 시키거나 기프트카드를 보내도 된다. 핵심은 음식을 받는 사람이 미리 누가, 뭘 가져오는지를 알 수 있다는 거다. 정말 천재적이다. 한꺼번에 라자냐 여러 개가 배달오는 대신, 신청자들은 본인들이 올린 날짜 목록에서 음식을 선택하고 혹시 라자냐가 중복으로 배달 예정되어 있는지 확인할 수 있다. 그런데 어떻게 이미 중복 예약되었는지 알 수 있을까? 링크를 가진 누구나 볼 수 있는 공개 목록에는 신청을 받고 있는 식사 수와 이미 신청된 식사가 표시된다. 바로 여기에서 내 불안감이 작동한다: 공개 신청 목록.

첫째 존 로버트와 둘째 스카우트를 낳았을 때 우리는 노스캐롤라이나 더럼에서 살았고, 가장 가까운 친구들이 여전히 그곳에 많았다. 10년 가까운 우정들이었다. 온라인 음식 나눔 시스템을 통한 음식이 쏟아졌다. 우리 집에 음식을 가져다주겠다고 신청하려는 이들의 명단을 정리해 친구 매기에게 30통이 넘는 이메일로 보낸 것 같다. 첫째 출산 후 일주일 동안 친정 엄마가 와서 함께 지냈는데, 쏟아지는 음식들에 깜짝 놀라셨다. 둘째 스카우트를 낳은 후에는 가장 기대하는 게 온라인 음식 나눔 시스템이라고 할 정도였다. 나도 뿌듯했다. 엄마, 봐! 나 친구 엄청 많지! 아, 이 오븐 요리들 속에 숨겨진 달콤하고 맛있는 안정감이여.

셋째 밀리는 찰스턴에서 태어난 첫 아이였고, 가장 가까운 친구들 없이 첫 온라인 음식 나눔 시스템을 치러야 했다. 하지만 나는 이성적이었다. 찰스턴 온 지 1년밖에 안 됐고, 그 시점에 친구가 몇 없다고 크게 걱정 안 했다. 우정은 시간이 필요하고, 가족들이 잘 돌봐줬지만, 이곳에 온 지 오래 안 됐으니까. 친구 관계에 대한 기대치는 낮췄다. 하지만 3년 후 앨버타를 낳았을 때(찰스턴 온 지 4년 만에), 더 이상 친구를 사귈 시간이 없다는 핑계는 통하지 않았다. 갑자기 온라인 음식 나눔 시스템이 친구 수를 측정하는 바로미터가 되어 버렸다. 최악은 모두가 그걸 볼 수 있다는 것이었다.

그래서 산후 호르몬으로 불안정해져 이성적이지 못하게 된 여자가 하는 짓을 했다. 신청자 날짜를 아주 적게 올렸다. "아기 낳았는데, 사람들이 가져다주는 음식을 최대한 받고 싶지 않았어?"라고 생각할 수 있지만, 내 전략은 날짜를 최소화해 전부 채워지길 바라며 남들이 보기에 내가 사랑받는 기분을 느끼는 거였다. 한번은 일정을 안 올린 날에 친구 루시가 음식 가져와도 되냐고 문자했다. 당연히 오케이 했고, 그 다음은? 온라인 음식 나눔 시스템에 그 날짜를 추가하고 그녀 이름을 넣었다. 순전히 사람들에게 보여주기 위해서였다, "야! 참고로 말해두는데, 루시는 나를 정말 사랑해. 그녀가 나한테 식사를 가져다주기로 했어. 나를 친구로 여기고 있다는 거지." 이게 얼마나 우스운 일인지 말해주지 않아도 안다. 지금 이걸 타이핑하면서도 스스로 부끄럽다. 하지만 그때 내 생각엔, 음식 배달 일정을 몇 개만 채워도 그 빈 자리가 채워질 수 있으니까 사람들이 내 식사 순번표에 빈 공간을 보는 걸 막을 수 있을 거라 여겼다. 내 머릿속에서 빈 공간은 빈 우정과 같았다. 그 빈 자리는 인터넷에서 모두가 볼 수 있는 등대나 다름없었다. "불쌍한 케이트, 정말 친구가 별로 없구나."

이 상황이 아무리 어리석게 들릴지라도, 그 불안감은 매우 현실적이었고 훨씬 더 깊게 무언가를 건드리고 있었다. 나는 좋은 친구들을 갈망했다. 물론, 인스타그램 팔로워는 많았지만 사람들이 정말 나를 좋아할까? 현실에서 사람들은 나와 함께 시간을 보내고 싶어 할까? 온라인 음식 나눔 시스템의 자리(대부분 가족들이 차지한 자리)가 별로 안 비어서, 세상에는 내가 친구가 있는 것처럼 보였을지 몰라도, 나는 그것이 허상임을 알고 있었다.

내 자존심은 내가 안고 있던 갓난아기만큼이나 연약했다.

스카우트와 밀리가 최근 주 1회 체조 수업을 시작했다. 스카우트의 첫 수업에 6~7명의 여자아이들 그룹이 등록했다. 모두 투피스 세트 체조복, 높은 포니테일, 뺨에는 반짝이. 이 아이들은 서로 경쟁을 하는 게 (뺨에 반짝이를 바르고 높은 포니테일을 한 모습이 결정적인 증거였다) 분명했고, 그들 사이에 이미 공유된 역사가 있다는 것도 알 수 있었다. 스카우트가 그들을 바라보는 모습을 보며 내 마음이 아팠다. 누구도 그녀에게 못되게 굴거나 왕따 시키지 않았지만, 그녀는 자신이 속하지 못한 유대감, 공유되지 않은 경험을 느꼈다. 첫 수업이라 백 워크오버 연습에 집중했지만, 스카우트는 그날 밤 잠자리에 들며 말했다. "나도 투피스 체조복 입고 싶어." 아이들과 공유된 역사나 아이들끼리의 농담을 못 따라갈지 몰라도, 적어도 외형만은 비슷하게 해보고 싶었던 거다.

친구를 사귀는 데에 그런 건 사소한 것이라고 말해주고 싶었지만, 사실 그녀에게 앞으로 최악의 시기는 아직 남아 있다. 친구들과 지금까지처럼 절친이 될 수도 있지만. 우정에서 수많은 굴곡을 겪을 가능성도 있다. 친구를 사귀고, 잃고, 멀어지고, 싸우고, 예상치 못한 곳에서 우정을 재발견하게 될 거다. 내 기도는 그녀가 속 깊은 이야기를 털어놓을 수 있고 자신다울 수 있도록 도와줄 한 명의 친구를 찾는 거다. 그녀가 나빠지거나 잘못된 선택 직전일 때 직설적으로 말해줄 그녀에 대해 잘 아는 친구. 하지만 이해한다. 그 나이 대에는 친구가 누구인지 깊이 생각하지 않는다. 그저 함께하고 싶을 뿐이다. 속해 있다는 느낌을 받기 위해 자신의 모습을 바꾸고 맞추기만 하면 된다고 생각한다.

나는 여전히 어느 곳이라도 포함되기를 갈망한다. 나에게 포함이란 의미는 소속감과 동의어다. FOMO(기회 상실 공포)는 사실 FOBLO(소외 공포) 즉, 누군가 나를 기억하고도 의식적으로 제외할까 봐 두려워하는 마음이다.

최근 남편 네이트와 나는 친구 부부와 저녁을 먹었다. 그들은 두 딸과 한 달간 버지니아와 텍사스를 잇는 수로를 따라 자유롭게 여행하는 꿈같은 기회를 가졌다. 식구 단 네 명만의 여행.

그들이 돌아오자마자 나는 함께 저녁 먹으며 모험담을 듣고 싶어 안달이 났다. 좋아했던 장소, 다시 가고 싶은 곳, 여행에서 계획대로 잘된 점, 안 된 점 등등. 동네 프렌치 레스토랑에서 빵과 버터 나오기 전부터 질문을 퍼부었다. 칵테일을 마시며 그 환상적인 휴가 여행 이야기를 탐닉하다 대화 중 한 마디가 내 머릿속에 스쳐 지나갔다. 일주일 전 다른 친구가 말한 것과 똑같은 포인트였다.

그들은 가족 여행에서 잘된 점을 떠올리며 거의 입을 모아 말하길 "사회적 관계에서의 의무나 모임에 갈 계획 같은 것이 없었다는 것이 너무 좋았어요. 정해진 시간에 어딜 가야 할 필요도 없이… 그저 세상의 일들에서 조금 비켜나 있는 느낌이 좋았죠." 불과 일주일 전 가족과 함께 오랜 시간을 보낸 친구 애슐리도 비슷한 이야기를 했다. 그녀에게 가장 좋았던 점이 뭐냐고 묻자, 그녀는 굳이 어디에 가야 할 필요도 없고 사회적 기대에 대한 의무도 없는, 바로 가족과 함께 있는 것 자체라고 말했다. 아무런 기대도 받지 않은 채 '쉬는' 시간이었다고. 다시 한번 그 단어들이 떠오른다. 사회적 의무, 계획, 기대.

"코로나가 처음 유행하던 그 첫 달 같았어요. 아무도 아무것도 안 했는데, 우리 모두 이상하게도 괜찮았죠. 아무도 우리가 어디에 있을 거라 기대하지 않았으니까요." 애슐리가 회상했다. "시간은 넘쳤는데, 그 시간을 채워야 할 정해진 방식은 없었어요."

두 이야기 모두에서 친구들이 사회적 의무를 놓친 이유는 물리적으로 너무 멀리 있어 사회적 사교 모임에 초대받을 수 없었기 때문이다. 그리고 그 이유 덕분에 그들은 사교 모임을 놓친 것에 대해 죄책감을 느끼지 않아도 되었다. 그들은 타지에 있었으니, 약속을 지키지 못했다고 누구도 그들을 탓하지 않을 터였다.

하지만 더 깊은 자유가 있다고 생각한다. 그들은 죄책감에서 해방되었을 뿐만 아니라, 사회적 사교 모임에 제외됨으로써 생길 수 있는 불안감에서도 동시에 해방되었다. 브런치 자리에서 친구들의 단체 사진을 봤을 수도 있다. 아무도 그들을 초대하지 않은 건 그들이 외출 중이었기 때문이라고 추론할 수 있었을 것이다. 인스타그램 스토리에 동네 여성들이 아이들을 데리고 수영장에 간 모습이 올라왔을 수도 있다. 괜찮다, 어차피 갈 수도 없었으니까. 그들은 해변에서 휴가 중이었다. 배제당한 게 아니라, 단순히 거기에 있을 수 없었을 뿐이다. 그들의 자존감은 온전히 유지될 수 있었다.

스스로 선택한 일이라면 놓쳐도 훨씬 덜 아프다. 우리 모두 그냥 한 달짜리 휴가를 시작해보는 게 어떨까. 그럴 수만 있다면.

몇 주 후 이 생각이 다시 떠올랐다. 타지에서 방문한 친구 로라와 오랜만에 만났다. 그녀는 빽빽한 사교 일정을 소화하며 사치스러운 삶을 사는 친밀한 사교 모임의 일원이었는데, 커피를 마시며 자신이 너무 지쳤다고 털어놨다. 지칠 대로 지쳐서 이사하는 꿈을 꾸고 있었다고 했다. 로라에게는 가족 전체가 물리적으로 이동해서 휴식을 찾는 것이 사교 모임 초대를 거절하는 것보다 쉬워 보였다. 하지만 우리 둘 다 그녀가 실제로 이사하지는 않을 거란 걸 알고 있었다. 사교 모임을 놓칠까 봐 두려운 마음이 휴식에 대한 갈망을 압도했다. 그녀의 소속감은 모든 사교 모임에 참석하는 것과 연결되어 있었다. 그녀는 참석을 멈추면 더 이상 초대받지 못할까 봐 두려워했다. 속도를 늦추면 친구들을 잃을까 봐 두려워했다.

로라의 상황을 보며 고개를 저을 수는 있지만, 내가 생각보다 그녀와 더 닮았다는 걸 안다. 여기서 인간의 본성이 드러난다.

우리는 여유를 원하지만, 동시에 더 많은 계획을 원한다.

우리는 휴식 시간을 원하지만 동시에 참여하고 싶어 한다.

우리는 거절하고 싶지만 다음에도 초대받고 싶어 한다.

코로나19 팬데믹이 시작됐을 때, 응급구조 요원들을 제외한 우리 대부분은 무슨 일이 어떻게 벌어지고 있는지 몰랐고, 당연히 이렇게 오래 지속될 거라고는 아무도 생각하지 못했다. 그 첫 달은 여러모로 무섭고 스트레스가 많았지만, 이상하게도 즐거웠다. 우리 모두는 어떤 계획이든 모두 정당하게 취소할 수 있는 똑같은 변명을 가지고 있었으니까. 우리 모두는 아무것도 안 할 시간이 충분했다. 재택근무라니! 파자마 차림으로! 사람들은 한낮에 개와 아이들을 데리고 산책하며, 발효 빵이 숙성되길 기다렸다.

미국은 집단적으로 멈춰서 숨을 내쉬게 되었다. 당신 없이 즐거운 모임이 있을 리 없었다. 애초에 모임 자체가 없었으니까. 정말 아무런 계획도 없었다. 그래서 내 친구 애슐리가 자신의 휴식 시간을 코로나 초기 한 달과 비교했던 것 같다. 의무와 소외에 대한 공포가 사라졌을 때, 절실히 필요한 휴식이 찾아왔다. 인스타그램 스크롤이 더 이상 초대받지 못한 모임의 사진이 아니라, 집에서 만든 베이커리와 온라인 단어 맞추기 게임들로 채워졌다.

하지만 지금은 아무도 다시 봉쇄와 식당 폐쇄로 돌아가고 싶어 하지 않는다. 두 달 동안 그런 생활을 겪고 나니 우리 모두 다시 함께하고 싶어 안달이 났다. 그리고 2020년 여름은 우리를 인간으로서의 본성으로 되돌려 놓은 것 같다.

우리는 여유를 사랑했지만, 계획 세우는 것을 그리워했다.

우리는 휴식할 시간은 더 많았지만, 오히려 불안해졌다.

우리는 거절할 필요는 없었지만, 초대받는 게 그리워졌다.

나도 그런 긴장감을 느낀다. 집에서 아무 계획 없이 보내는 밤을 사랑하지만, 초대받지 않은 장소에서 친구들 사진을 보면 왠지 불안해진다. 자유롭고 무계획적인 밤을 원하지만, 그것들이 항상 내가 통제할 수 있을 때이길 원한다.

아직도 이 문제로 고민 중이다. 친밀한 그룹들 가장자리에 서 있고, 초대받지 못한 수많은 생일 저녁 파티가 있다. 대학 절친들과 매일 소통하지만 물리적으로 가깝지 않다. 어떤 면에선 냅 타임 키친이 자아를 숨길 보호막이 됐다. "저기에는 초대를 못 받았지만 괜찮아, 인터넷에는 날 좋아하는 사람들이 많아." 더 나르시스해지면 "그들의 우정은 필요 없어, 인터넷에서 낯선 사람들이 날 더 사랑해." 하게 된다.

우정은 어렵고, 인터넷이 그 어려움을 더욱 가중시켰다. 그것이 중학생·청소년에게 해롭다는 연구들을 생각하면, 육아에 파묻혀 우정을 갈구하는 엄마들에게도 인터넷이 똑같이 치명적이라는 생각밖에 안 든다. 만일 지금 당신이 그런 상황이라면, 그 감정은 완전히 정당하다는 걸 알기 바란다. 소외는 극도로 고통스럽다. 정체성의 핵심을 갉아먹으며, 남들에게 소속되려면 나를 어떻게 바꿔야 하나 고민하게 만든다. "내가 너무 시끄러운가? 내가 너무 따분한가? 더 가까운 동네로 이사하면 그때는 나를 초대해줄까?" 이는 순식간에 정체성 문제로 번진다. "네 탓이 아니면 분명

　　　　　저스트 위시 JUST WISH

내 문제일 거야."

소속감은 인간의 가장 깊은 갈망이라, 나는 종종 이성적으로 생각하는 것을 잊어버린다. 섣부른 결론을 내리며, 더 매력적이거나 조신했어야 했다고 자책한다. 하지만 우정에 있어서는 스스로 한 발 물러서서 이성적으로 생각하는 게 더 귀중하다는 걸 깨달았다.

제대로 깨닫게 된 건, 나와 진짜 좋은 친구가 될 수 있는 인원은 극히 제한적이라는 거다. 지금, 내 삶에 비극이 닥치면 모든 걸 팽개치고 날아와 곁에 있어줄 손에 꼽을 친구들이 있다. 나도 그들을 위해 똑같이 해줄 친구들은 있지만 극소수다. 사람 마음은 모두의 최애가 되고 싶지만, 불가능하다. 엄마들의 주말 모임에 초대받지 못해도 괜찮다고 스스로 다독이는 중이다. 다들 집을 그렇게 크게 지을 수 없고, 그렇게 큰 규모의 저녁 예약을 감당하기도 어렵다. 내가 포함되길 원하지만, 내가 빠지면 다른 우정들이 피어나듯 내 우정도 작은 그룹에서 잘 자란다는 걸 기억해야 한다.

여기까지 오는 데 정말 오랜 시간이 걸렸고, 아직도 불안할 때가 있다. 남들의 사랑과 존경을 그 무엇보다 즐기는 사람들은 그것이 모두 본인을 좋아한다는 증거 같아서 모든 모임에 초대받기를 바라는데, 인기와 찬사는 진정한 소속감에 비하면 형편없는 대체재다. 영화 〈미안해, 여왕님 - Mean Girls〉은 이 둘을 정말 잘 대비시켰다. 주인공 레지나 조지는 친구인 척하는 사람들이 수두룩하고 가장 인기 있는 인물로 알려져 있지만, 실제로 그녀를 제대로 아는 사람은 아무도 없다. 반면 또 다른 주인공 케이디 헤론은 소수지만 좋은 친구들이 있다. 그녀를 환영하고, 그녀를 이해하며, 그녀에게 맞서기를 두려워하지 않는 단 두 명의 친구들. 학교에서 다른 사람들에게 레지나는 인기 부자이지만, 캐디야말로 진정한 승자다. 캐디에게는 진정한 친구가 있으니까.

이 챕터 제목을 "단지 친구가 좀 더 많았으면"이라고 붙였지만, 쓰면서 깨달았다. 내가 찾는 것은 진정한 소속감이다. 한 명이든 스무 명이든 내 존재를 인정받고, 사람들이 나를 알고 싶어 하며 나 역시 그들을 알고 싶어 하는 그런 느낌말이다. 나는 파트너나 배우자와는 별개로, 사랑받고 포용받고 싶다. 남편 네이트와 내가 갈등을 겪고 자주 다투며 서로의 잘못을 보지 못할 때, 우리를 도와줄 누군가가 필요하다. 산후 3개월 차에 정말 우울해지고 위험한 생각이 들 때 털어놓을 수 있는 사람이 필요하다. 내 손을 잡고, 눈을 똑바로 바라보며, 내가 버릇없는 애처럼 행동하고 있다고 다정하게 말해줄 사람이 필요하다. 바쁜 사교 일정이나 풍성한 식사 대접도 좋지만, 그것들이 우정의 가장 좋은 척도는 아니다.

나는 소외감을 느끼거나 친구가 더 많았으면 좋겠다 생각할 때, 왜 그런지 스스로 묻는 데 더 힘써야겠다고 생각한다. 아마 실제로 더 많은 친구를 원하는 게 아니라, 소속감 자체를 바라는 거일 가능성이 크다. 누군가에게 소외당한다는 것은 사실 거의 본인과는 관련 없는 일일 가능성이 많다. 내가 개인적으로 받아들이는 수많은 당황스러운 일들은 사실 단순한 상황 때문이고, 내 자존감과는 거의 무관하다. 반대로, 더 나은 친구가 되는 건 나부터 시작할 수 있다. 내가 포함되길 원하면 내가 먼저 다른 사람들을 포함시켜야 한다. 친구가 힘든 진실을 솔직히 말해주길 바란다면, 내가 먼저 솔직해져야 한다. 모든 우정이 오래 지속되는 것은 아니며, 나 자신의 '좋은 친구로서의 역량'에 대해서도, 그리고 '친구들의 역량'에 대해서도 현실적으로 인식해야 한다.

이 관점에서 "더 많은 친구를 원해?"라고 물으면 "아니오"다. 그건 친구로 삼을 수 있는 멋진 사람들이 세상에 아주 많다는 걸 모르기 때문이 아니라, '더 많은 친구를 원한다'라는 마음이 사실 내게 진짜로 필요한 것을 가리기 위한 일종의 위안용 반창고일 뿐이라는 걸 알기 때문이다. 더 폭넓은 관계가 아니라 더 깊은 관계로 가야 한다. 내 마음 속 깊고도 어두운 곳에 들어와 불을 켜고 창문을 열어, 나의 가장 폐쇄적이고 어두운 이야기 버전을 다시 새롭게 써줄 한 명의 좋은 친구가 필요하다.[1]

> **사고 방식 변화** 내 영혼이 필요로 하는 것은 더 많은 우정이 아니라 더 깊은 우정이다. 내게 소속감을 줄 친구들이 간절할 때, 먼저 내 친구들이 나와 함께 소속감을 느낄 수 있도록 하는 것부터 시작할 수 있다.

1. 마지막으로 좋은 친구와 진솔하고 깊은 대화를 나눈 게 언제인가요? 만약 이런 대화가 삶에서 부족하다면, 그 이유는 무엇이며 이번 주에 어떻게 실현할 수 있을까요? (참고: 파티를 열라는 게 아니라, 단순히 한 명의 친구와 한 번의 대화를 나누라는 제안입니다.)

2. 친구에게 소외감을 느낀다면, 그 친구와 그 감정에 대해 이야기해 본 적이 있나요? 단순한 의사소통의 오해로 인해 감정이 상하는 경우가 너무나 많습니다. 앞으로 몇 주 안에 꼭 해야 할 대화가 있나요? 개인적으로, 제 가장 깊은 우정 중 일부는 어려운 대화를 나누었던 관계들입니다. 그런 대화들은 전반적으로 더 큰 신뢰와 더 나은 의사소통으로 이어졌고, 결국 더 좋은 우정으로 발전했습니다.

3. 마음의 차원에서 생각해 보면, 내가 우주의 중심이 아니며 더군다나 친구 무리의 중심은 더더욱 아니라는 점을 기억하는 게 도움이 됩니다. 내가 없어도 계획은 그대로 진행될 것이며 내가 없어도 그 밤은 여전히 즐거울 겁니다. 받아들이기 힘들 수 있지만, 그것은 당연한 일입이다. 내가 모임의 중심이라고 믿어서 얻을 수 있는 좋은 것은 거의 없습니다.

4. 이성의 차원에서 생각해 보면, 내가 빠지는 수많은 계획들은 아마도 실행 가능성 문제 때문일 겁니다. 대규모 그룹 예약은 더 어려우니까요. 많은 식당들이 8~10명 이상을 수용할 수 있는 자리를 갖추지 못했습니다. 가끔은 내가 포함되지 않을 때도 있는데, 그건 단순히 테이블 크기 때문일 수 있다고 생각하세요. 대규모 모임도 재미있지만, 소수와의 작은 저녁 식사는 정말 소중한 선물이 될 수 있습니다. 항상 모두를 포함시키면 누구와도 깊이 있는 대화를 나누기 어렵습니다.

5. 깊은 우정에는 많은 용기가 필요합니다. 하지만 누군가와 깊은 관계를 맺을 때, 우리는 진정한 '수용'과 '소속감'으로 향하는 문을 열게 된다고 저는 진심으로 믿습니다. 그것이 아마도 유모차를 끌고 처음 공원으로 함께 산책을 나서는 것이든, 아이들을 재운 뒤 함께 마시는 마가리타 한 잔이든, 혹은 당신의 결혼 생활이 힘들다고 처음으로 털어놓는 일이든 무엇이든 상관없습니다. 중요한 것은 '먼저 다가가는 사람'이 되는 것입니다. 그렇게 용기를 내어 한 걸음 내딛을 때, 생각보다 훨씬 깊은 우정이 뿌리를 내리기 시작할지도 모릅니다.

| JUST WISH |

단지
좀 더 예뻐졌으면

'나이가 어떻게 되시나요?' 탕글이 되물었다.

'수천 살이 넘었지.' 여인이 대답했다.

'그렇게 보이진 않는데요.' 탕글이 말했다.

'아냐? 난 그렇게 생각하는데. 내가 얼마나 아름다운지 모르

겠어?'

— 조지 맥도날드, 「황금 열쇠」

최근, 스카우트는 학교에 무엇을 입고 갈지에 온 신경이 쏠려 있었다. 학교에 복장 규정이 있긴 하지만, 강제적이지는 않아서 차라리 아예 없애거나 교복 제도를 하려면 예외 없이 강제적으로 도입했으면 좋겠다고 늘 생각하곤 한다. 지금의 규정은 아이들이 마구잡이로 입는 것 같을 만큼 통일성도 없으면서, 여전히 귀찮게 신경 써야 할 지침들이 있기 때문이다. 그날 목요일, 스카우트는 하얀 셔츠를 입고 싶다고 했다. 집에 하얀 셔츠가 하나 있긴 했지만, 칼라가 달려 있었다. 그런데 그녀는 칼라 없

는 셔츠를 원했다. 물론 이건 내 잘못이었다. 어떻게 내가 칼라 없는 하얀 셔츠를 미리 준비해 두지 않았단 말인가! 그녀 눈에서는 정말 많은 눈물이 흘렀다. 학교에 가야 할 시간이 되었을 때쯤, 스카우트는 완전히 엉망이 되어 있었다. 이제 하얀 셔츠 문제는 "아예 학교에 못 가겠다"는 사태로까지 번졌다. 아이들의 크고 진한 감정이란 참 사랑스럽기도 하다.

나는 결국 스카우트를 한 시간 정도 집에 더 두었다가 늦게 등교시키기로 했다. 남편 네이트는 첫째 아이를 학교에 데려다주며 두 어린 딸도 함께 데리고 나갔고, 집에는 나와 스카우트만 남았다. 함께 춤을 추고, 포옹도 몇 번 한 뒤에야 스카우트는 왜 학교에 가기 싫었는지 조금씩 마음을 열기 시작했다. 알고 보니 반 여자아이들 사이에서 새로운 놀이가 생겼다고 했다. 이름하여 "멋진 여자아이 클럽^{the cool girls club}." 쉬는 시간마다 누가 가장 멋지게 옷을 입었는지를 정해 그날의 '멋진 여자아이 클럽 회장^{captain}'이 되는 게임이었다. 눈에 눈물이 가득 맺힌 채 스카우트는 자신이 한 번도 클럽 회장이 되어 본 적이 없다고 말했다. 항상 옷이 별로 멋지지 않아서였다고 한다. 겨우 여섯 살, 초등학교 1학년인데 말이다. 그런데 이미 내 딸은 '멋진 옷'과 '멋지지 않은 옷'이 있다는 것과 '멋진 여자아이'가 되려면 '멋진 옷'을 입어야 한다는 걸 배우고 있었다. 그 이야기를 들으며 나는 딸을 향한 깊은 공감과, 그 상황에 대한 분노를 동시에 느꼈다. 그리고 깨달았다. 이건 언제나 그래왔던 내 이야기이기도 하다는 것을.

내 평생 동안, 외모—내가 입은 옷이든 그 속에 있는 내 몸이든—는 스스로를 비교하고, 앞서 나가기 위해 점검하는 주요한 기준이었다.

이런 이야기를 온라인에 거의 한 적이 없는 데에는 두 가지 이유가 있다. 첫째, 누가 사이즈 2(가냘픈 체구)인 사람의 몸 고민을 듣고 싶어 하겠는가? "아, 불쌍한 케이트. 표준 사이즈 옷을 입는 게 그렇게 힘들어? 거의 모든 가게에 들어가서 맞는 옷을 찾는 게 진짜 도전이겠네. 눈물 나게 하네." 대부분 이렇게 빈정거릴 것이다. 둘째, 이건 너무 사적인 이야기이기 때문이다. 매일 자신의 삶을 온라인에 공유하는 사람이라 해도, 다른 이들에게 보여주지 않는 경계선이 있기 마련이다. 하지만 이건 책이고, 여러분은 이 책을 읽으려고 돈을 지불했다. 그래서 '신체 이미지'가 실제 자신의 삶을 사랑하기 위해 고군분투하며 등반하는 것과 같이 중요한 문제라면, 여러분께 나의 완전하고 원본 그대로의 신체 이미지를 보여드리는 게 나을 것 같다.

고등학교 시절, 나는 친구에게 셔츠를 빌릴 수 있냐고 물었는데, 그녀가 내게 "네가 입으면 늘어날까 봐 걱정돼"라고 말한 적이 있다. 그 순간, 그녀가 우리를 서로 다른 체형으로 보고 있다는 걸 깨달았다. 내가 둘 중 더 큰 쪽이었고, 내가 입으면 옷이 상한다고 생각한 것이다. 나는 "너무 큰 아이"였다. 그 후 몇 달 동안, 나는

                                   저스트 위시 JUST WISH

점점 더 '사이즈'가 중요하다는 걸 깨달았다. 그리고 사람들은 그 숫자가 작아지길 바랐다. 옷 태그에 붙은 신체 사이즈와 체중계의 숫자는 보이지 않는 권력을 가지고 있었다.

친구의 말을 들은 뒤, 내 몸에 대한 부끄러움이 너무 커서 스스로에게 일종의 맹세를 했다. 다시는 그런 말을 듣지 않겠다고. 왜냐고? 나는 더 이상 '큰 여자아이'가 되지 않으려 했기 때문이었다. 그래서 나는 먹는 양을 줄이고, 매일 운동을 했다. 고등학교 2학년 내내 점심으로 땅콩버터 잼 샌드위치와 당근 한 봉지를 싸 갔고, 방과 후에는 집에 돌아와 100칼로리짜리 오레오 미니팩 하나만 먹었다. 그리고 체육관에 가서 한두 시간씩 운동했다. 그 결과? 살은 빠졌다. (게다가 나는 열여섯 살이었고, 신진대사도 좋은 편이었다.) 그리고 사람들은 그런 나를 칭찬했다. "케이트, 요즘 정말 좋아 보인다!"라는 말을 그때처럼 많이 들은 적이 없었고, 그 말들을 마음껏 즐겼다. 하지만 그때 내가 만든 삶의 방식은 그 후에도 엄청난 노력 없이는 유지될 수 없었다. 안타깝게도, 그 생활은 고등학교 3학년과 4학년 내내 내 생각을 잠식해버렸다.

겸손에 대해 이렇게 말한 유명한 인용문이 있다. "겸손은 자신을 낮게 평가하는 것이 아니라, 자신을 덜 생각하는 것이다."[1] 이 말이 사실이라면, 나는 아마도 세상에서 가장 겸손하지 못한 사람이었을 것이다. 나는 그 끔찍한 단어, 즉 '허영심vain' 그 자체였다.

하지만 이 장을 쓰면서 정확히 짚고 가야겠다는 생각이 들어

'허영심'의 정의를 찾아보았다. 구글에서 "허영심의 정의"를 검색하니 이렇게 나왔다. "자신의 외모, 능력, 또는 가치에 대해 지나치게 높은 평가를 가지거나 보여주는 것."[2]

그런데 그 정의를 곰곰이 생각해 보니, 나는 사실 그렇게 '허영심 많은' 사람이라기보다 오히려 조금 더 슬프고 안쓰러운 쪽에 가까웠다. '지나치게 높은excessively high'이라는 표현이 특히 눈에 들어왔다. 내가 겪은 문제는 허영심이라기보다 비교와 자존감의 문제였던 것 같다. 나는 늘 스스로에게 물었다. 나는 보기 괜찮은 걸까? 나도 다른 여자들만큼 예쁘고, 날씬하고, 똑똑한 걸까? 응? 이 문장을 쓰면서도 민망할 정도다. 차라리 자기 자신에 대해서 지나친 자신감을 가지는 편이 더 나았을지도 모르겠다. 나는 허영심이 많았던 게 아니라, 불안했고 자신이 없었던 것이다.

지금 옛날 사진을 보면, 나는 정말 마르고 가늘었다. 그런데 그때의 나는 내 몸을 증오했다. 조금의 결점이라도 찾아내 괴로워했고, 식스팩이 없다는 이유로 자신을 미워했다. 청바지 사이즈에 집착했다. 몸의 크기는 나의 '가치'를 재는 궁극적인 기준이 되었다. 얼굴에 여드름이 나고 머리가 떡져서 뒤로 질끈 묶인 날에도, 몸이 날씬하게 느껴지면 나는 강해진 것 같았다. 지금 이걸 글로 쓰면서도 얼굴이 화끈거린다. 나는 사람들이 내가 외모에 그렇게 신경 쓰고 있다는 걸 알게 되는 것이 두렵다. 나는 내 아름다움이 '자연스럽게' 보이길 바랐다. "나요? 아름답다구요? 와, 고마워요!

전혀 몰랐어요!" 이런 식으로 말이다.

고등학교 시절부터 나를 괴롭히던 몸에 대한 문제는 일종의 나쁜 습관처럼 대학 시절까지 따라왔다. 다행히, 그 다음 10년 동안 두 가지 일이 나를 바꾸어 놓았다. 하나는『더 바디 프로젝트The Body Project』라는 책을 통해 수업을 들었던 일, 그리고 다른 하나는 워싱턴 D.C.의 작은 아파트에서 겪었던 경험이다.

조앤 제이컵스 브럼버그의『더 바디 프로젝트The Body Project』는 여성이 가진 신체 이미지의 기준이 어떻게 변해왔는지를, 거울의 발명에서 인쇄술의 발전에 이르기까지 연대기적으로 추적한 책이다. 이 책에 따르면, 아주 오랫동안 여성들은 자신이 어떻게 생겼는지를 볼 기회가 거의 없었다. 시간이 지나면서 가정집에 거울이 하나둘 들어오기 시작했고, 비로소 여성들은 자신의 얼굴을 직접 볼 수 있게 되었다. 하지만 그 당시의 거울은 대부분 아주 작았고, 온몸이 비치는 거울을 가진 사람은 거의 없었다. 그러니 여성들이 서로를 비교하더라도, 자신과 가까이에 있는 사람들과만 비교할 수 있었을 것이다. 그런데 인쇄 광고가 등장하면서 상황이 변하기 시작했다. 신문이 점차 대중화되자, 여성복 상점 광고가 종종 실리곤 했다. 그 광고에는 판매 중인 옷을 입은 여자의 사진이나 삽화가 그려져 있었다. 그러면서 서서히 변화가 일어났다. 신문에 실린 이미지가 '여성은 이렇게 보여야 한다'는 기준이 된 것이다. 다음 전개는 예상대로다. 신문 광고는 잡지 광고로, 잡지 광고는 옥외 광고로, 또 오늘날에는 디지털 화면 광고로까지 이어졌다. 하지만 돌이켜 보면, 나는 그 모든 변화의 출발점이었던 '거울' 단계에 오래 머물러 있었던 것 같다. 한때 여성이 자기 모습을 확인할 수 있는 유일한 방법은 창문에 비친 자신의 희미한 반사 정도였다. 그때의 여성은 자기 얼굴의 주름이나 눈동자의 색 따위는 거의 몰랐을 것이다.

시간을 훌쩍 건너뛰어 2016년으로 가보자. 그때 남편과 나는 결혼한 지 4년이었고, 그는 로스쿨 여름 인턴십을 하고 있었다. 나는 둘째 아이를 임신 중이었고, 그 인턴십 덕분에 우리는 6주 동안 워싱턴 D.C.에서 지내게 되었다. 조지워싱턴대학 캠퍼스 근처 도심 한복판에서 살기로 하고, 평소보다 비싼 집세를 기꺼이 지불했다. 네이트가 일하는 동안 나는 그때 15개월 된 첫째 아이를 유모차에 태우고 도시 곳곳을 누볐다. 스미스소니언 박물관, 백악관, 케네디 센터를 구경했고, 조지타운 컵케이크에서 디저트를 사 먹으며 포토맥 강변을 걸었다. 그 시절은 마치 꿈처럼 느껴졌다. 워싱턴 D.C. 도심의 멋진 점 중 하나는, 상점들이 사무실 건물 바로 사이사이에 자연스럽게 섞여 있다는 것이다. 우리는 종종 길을 걷다가 두 개의 로펌 사이에 끼어 있는 부티크나 백화점을 마주치곤 했다. 그때 우리 형편은 사실상 '거의 무일푼'이었다. (로스쿨에 학비를 대며 훗날 멋진 아파트에 살겠다고 한 탓이었다.) 그래도 나는 가끔 노드스트롬 랙Nordstrom Rack에 들러 세일 코너를 구경하곤 했다. 어느 날, 긴 바지와 함께 신어야 진짜 어울릴 거 같은 신발 한 켤레를 발견했다. 결국 그 신발을 사고, 작은 아파트로 돌아가 신어보기로 했다. 집에 돌아오자마자 청바지를 입고, 온 집안을 샅샅이 뒤지며 전신거울을 찾아 헤맸다. 그제야 깨달았다 ― 우리 아파트에는 거울이 하나뿐이었다. 욕실 세면대 위, 높이 고정되어있던 둥근 거울이 전부였다. 배가 조금씩 불러오는 내 몸은커녕, 신발조차 제대로 볼 수 없었다.

그날은 잠시 거울이 없어서 답답했지만, 여름이 지나갈수록 나는 거울이 많지 않다는 사실이 얼마나 근사한 일인지 깨닫기 시작했다. 막 임신 초기였던 나는, 겉으로 봐선 아무도 모를 정도로 애매한 시기라 배가 살짝 부은 것처럼만 보였다. 그런데 거울이 거의 없으니 내 몸을 흠잡거나 평가할 틈이 없었다. 아침에 양치할 때 잠시 자신을 비추고 나면, 하루 종일 내 모습은 사무실 건물 유리창에 비친 반사 정도로나 볼 수 있었다.

그해 여름, 남편 네이트는 찰스턴과 D.C. 두 곳의 로펌에서 인턴십을 병행했다. 첫 6주는 찰스턴에 있는 부모님 집에서 지냈다. 부모님 집은 현관에 들어서면 바로 15피트 높이의 커다란 거울이 있었다. 아주 아름답고 시선을 단숨에 사로잡는 장식이었다. 하지만 나는 그 거울 앞에 서서, 고등학교 시절 내내 외출하기 전마다 몸을 평가하고 흠을 잡던 기억을 떠올렸다. 내 방에도 전신거울이 있었고, 욕실에도 또 하나의 거울이 있었다.

그렇게 찰스턴 지역과 D.C. 두 곳을 오가며 살았던 몇 주는 내게 의미심장한 일이었다. 한 곳은 셀 수 없이 많은 거울이 있었고, 다른 한 곳은 거울이 단 하나뿐이었기 때문이다. 그리고 나는 점점, 거울이 거의 없는 삶을 사랑하게 되었다. 물론 몇 번은 "이 신발이 오늘 옷이랑 어울리나?" 싶은 순간이 있었지만, 대체로 거울이 없다는 게 너무 좋았다. 나는 거울이 내 삶에서 내게 얼마나 큰 '방해물'이었는지, 그리고 거울이 적을수록 마음이 얼마나 가벼워지는지를 그때 처음으로 깨달았다.

더럼으로 돌아왔을 때, 나는 일부러 옷장 문 뒤에 걸 수 있는 저렴한 전신거울을 하나 샀다. 필요할 때만 꺼내 쓰고, 사용하지 않을 땐 문을 닫아 보이지 않게 할 수 있어서였다. 몇 년 뒤 찰스턴으로 이사했을 때는, 온라인에서 자주 보던 '크고 아름다운 거울 인테리어'를 나도 해보고 싶어 큰 전신거울을 주문했다. 거울이 도착하자, 나는 사무실로 들어가는 길목의 빈 벽에 세워두었다. 매일 그 앞을 지나며 보게 되는 자리였다. 이상하게 들릴지 모르지만, 2주쯤 지나자 그 거울이 정말 싫어졌다. 네이트도 "사무실 들어올 때마다 자기 얼굴이 벽만큼 크게 비치는 게 썩 좋지 않다"고 말했다. 결국 나는 큰 거울을 반품하고, 홈굿즈^{Home Goods}에서 구입한 작은 거울을 침실 한쪽 구석에 두었다. 나 자신을 보려면 방 건너편으로 걸어가야만 선명히 비칠 만큼의 크기다. 이제 사무실로 이어지는 그 큰 벽에는 커다란 아트 프린트가 걸려 있다. 남편 네이트와 나는, 우리의 반사된 모습보다 그 그림을 보는 것이 훨씬 낫다는 데 전적으로 동의한다.

거울 속 '반사된 이미지'는 인간에게 놀라운 영향을 미친다. 편집 앱과 인스타그램 필터로 가득한 세상에서, 거울은 우리가 실제로 어떤 모습인지를 보여주는 몇 안 되는 도구 중 하나다. 어느 면에서는 좋은 일이다. 화면 너머가 아닌 현실 속의 자신을 볼 필요가 있으니까. 하지만 내 삶을 돌아보면, 언제나 '거울을 덜 볼 수 있었던 시기'가 더 행복했던 것 같다.

네이트는 나와 전혀 다른 이유로 그 거울을 싫어했다. 참 신기한 일이다—신은 종종 우리의 부족한 면을 꼭 보완해줄 사람과 결혼하게 하신다. 네이트는 내가 만난 사람 중 '자기 외모에 가장 무관심한 사람'이다. 머리로는 매우 예리하고, 세상 돌아가는 일에 관심이 많으며, 매일 책을 읽고 배움의 가치를 안다. 하지만 외모에 있어서는, 정말 한 치의 관심도 없다. 그렇다고 씻지 않는다거나 이를 닦지 않는다는 뜻은 아니다. 단지 옷 유행이나 '해변에서의 식스팩' 같은 것엔 전혀 신경을 쓰지 않을 뿐이다. 오히려 '새롭고 멋져 보이는 것'이라면 일부러 거부할 정도다. 그럴 때면 가끔은 너무 극단적이라 한 대 쥐어박고 싶을 때도 있다. 하지만 그의 무심함은 언제나 내가 나 자신을 '너무 신경 쓰고 있는 태도'까지도 되돌아보게 한다. 나는 '과하게 신경 써서' 큰 거울을 원하지 않았고, 그는 '그 공간을 차라리 더 의미 있는 것으로 채우고 싶어서'

그 거울을 원하지 않았다.

네이트에게 거울 속 모습은 아무런 갈등의 대상이 아니었지만, 그의 삶에도 몸을 더 돌보게 된 계기가 있었다. 서른두 살 때, 네이트의 아버지가 갑작스러운 수술 합병증으로 세상을 떠나셨다. 수술 후 합병증으로 인해 장기가 회복되지 못한 것이 원인이었다. 안타깝게도 아버지는 평소 건강관리를 제대로 하지 않으셨다. 만약 좀 더 좋은 체력을 유지하고 계셨더라면, 회복하거나 최소한 두 번째 수술의 기회라도 얻었을지 모른다. 그때 네이트의 아버지는 겨우 예순이었다.

그 커다란 상실감은 네이트에게 일종의 '각성의 순간'이 되었다. 단순히 멋진 외모를 위해서가 아니라, 훗날 손주들을 만나고 싶다는 이유에서였다. 네이트는 목표를 하나 세웠다. "앞으로 10년 동안 10파운드(약 4.5kg)를 빼겠다." 그 말을 들은 나는 몇 달 동안 그를 놀려댔다. "10년? 그게 무슨 의미가 있어?"라고 말이다.

하지만 네이트의 생각은 달랐다. 10년 동안 체중을 4~5kg 줄이는 대신 5~15kg이 늘어나지 않게 막는다면, 그게 훨씬 낫다는 것이다. 목표가 작으니 실천도 작게 시작했다. 그는 매일 아침 1마일(약 1.6km)을 달리기 시작했다. 더도 덜도 아닌 반드시 1마일. 약 1년 뒤에는 여기에 10분짜리 요가를 더했다. (주로 골프 유연성을 높이기 위한 목적이었다.) 그러던 중 늦은 밤 간식을 끊기로 했고, 밤 7시 이후에는 아무것도 먹지 않겠다고 다짐했다. 또 6개월쯤 지나자 평일에는 버번 위스키를 마시지 않고 주말에만 한 잔 하기로 했다. 이 모든 변화는 한 번에 일어난 것이 아니라 3년에 걸쳐 서서히 쌓여갔다. 그 사이 네이트는 20파운드(약 9kg) 이상을 감량했다. 목표했던 것 이상을 이룬 셈이다. 하지만 그 성공의 핵심은 단순히 체중 변화가 아니었다.

그의 목표가 작고, 단계적이었기 때문에 가능했다. 그는 달리기, 요가, 단식, 절주를 한꺼번에 시작하지 않았다. 한 가지가 완전히 습관으로 자리 잡으면 그다음 단계를 더한 것이다.

나에게는 이 방식이 무척 어렵게 느껴졌다. 왜냐하면 나는 '크고 극단적으로' 시작하는 사람, 즉 올인all or nothing 타입이기 때문이다. 내 좌우명은 늘 이랬다. "5km 마라톤을 훈련할 바엔 처음부터 풀코스를 노려라." 하지만 마라톤은 훨씬 부담스럽다. 10마일 달리기보다 1마일 달리기를 그만두기가 더 어렵지 않은가. 작은 습관일수록 '예스'라고 말하기 쉽고, 그래서 더 오래 이어진다. 이제 네이트가 매일 아침 달리기 습관을 시작한 지도 5년이 되었다. 월요일부터 금요일까지 그는 여전히 1마일 코스를 돈다. 언젠가 더 길게 달릴지도 모르지만, 그는 지금 이 거리로도 충분히 만족하고 있다. 그의 말마따나, 마흔이 되어도 매일 1마일을 달리고 요가를 한다면, 또래 남자들보다 훨씬 나은 셈이다.

그 모습을 지켜보며 나도 건강을 바라보는 시선을 조금 바꾸게 되었다. '특정한 체형'을 위한 단기 해법이 아니라, 오래도록 유지할 수 있는 삶의 방식으로서 말이다. 어쩌면 나이가 들어서일 수도 있고, 어쩌면 시야가 트인 덕분일 수도 있다. 이제 나는 '당장 예뻐 보이게 하는 방법'보다 '앞으로 5년 동안 내가 편안함을 느낄 수 있는 방법'을 더 자주 고민한다. 앨버타가 18개월쯤 되었을 때, 나는 고강도 운동을 하는 체육관에 등록했다. 운동은 정말 강렬했지만, 시간이 지나자 이게 내게 맞는 방식은 아니라는 걸 깨달았다. 부상 직전 같은 느낌이 자주 들었고, 무릎이 욱신거렸으며, 운동 후엔 에너지가 솟기보다 완전히 탈진한 기분이었다. 단기간에 칼로리를 태우는 대신, 먼 훗날 손주들과 함께 달리거나 놀 수 있는 힘을 잃을까 봐 두려웠다. 단기적 이득이 장기적 대가로 이어지는 셈이었다. 결국 나는『프렌즈』의 챈들러 빙처럼 체육관에 들어가 외쳤다. "나 그만둘래요!"[3] 지금도 매일 아침 운동을 한다. 단, 훨씬 '지속 가능한 방식'으로. 식스팩은? 물론 없다. 하지만 나는 건강하고, 튼튼하다. 그리고 아들 존 로버트가 "피클볼 한 판 해요!"라고 하면, 절뚝거리지 않고 함께 할 수 있다.

　인생에서 내가 가장 위선적으로 느껴지는 순간은 바로 '나이 듦'에 대한 태도다. 눈가에 주름이 잡히고, 어린 시절 해변에서 베이비 오일만 바르고 햇볕을 쬐던 탓에 태양 반점이 생겼다. 무릎 주변 피부는 코끼리 발목처럼 처지기 시작했고, 성인 여드름은 말할 것도 없다. 요즘 내 휴대폰이 가장 큰 적이 되었다. 매일 인스타그램 스토리를 찍을 때 셀카 카메라에 비친 내 얼굴이 바로 거울처럼 느껴지기 때문이다. 나는 나이를 먹고 있다. 이렇게 자주 내 얼굴을 보는 게 도움이 되지 않는다는 걸 안다. 그래서 많은 사람들이 필터를 씌워 부드럽게 보이게 만드는 이유를 이해할 수 있다.

몇 년 전부터 팔과 다리에 아주 작은 돌기들이 올라오기 시작했다. 피부과에 가서 로션을 처방받았고 효과가 있었지만, 이제는 기존 10단계 스킨케어에 또 하나의 단계를 더해야 한다. 작년에는 여드름 흉터를 지우기 위해 얼굴에 레이저 시술을 받았다. 비용만큼이나 고통스러웠고, 며칠간 피부가 벗겨져 마치 변신을 앞둔 도마뱀처럼 흉측하게 보였다. 시술이 도움이 된 건 맞지만, 피부가 벗겨지고 새살이 올라온 지 24시간 만에 새 여드름 두 개가 솟아올랐다. 막 비싼 돈을 들여 새로 고친 피부에 또 다른 자국이 생긴 셈이다. 젊고, 세월의 흔적 없이 깨끗해 보이려는 이 욕망은 구멍 난 양동이에 물을 붓는 것과 같다. 한 구멍을 막으면 또 다른 구멍이 뚫린다. 내 인생만의 '두더지 게임whack-a-mole'이다. 새 반점이나 문제가 생길 때마다 힘껏 내리치지만, 금세 새로운 것이 또 솟아오른다.

내 몸과 평화롭게 지내고 싶고, 우아하게 늙어가고 싶다는 마음이 강하게 들 때가 많다. 주름살을 활짝 열린 팔로 환영하며, 주변 사람들이 그렇게 하지 않더라도 내 모습 그대로 괜찮다고 받아들이고 싶다. 거울 속 반사된 이미지에서 내 자존감을 떼어내고 싶다. 최근 줄리아 루이스 드레이푸스와 제인 폰다의 인터뷰를 들었다. 팟캐스트 『와이저 댄 미Wiser Than Me』에서, 줄리아는 자신보다 현명하다고 여기는 성공한 여성들을 초대해 이야기를 나눈다. 거기서 85세 제인 폰다의 고백이나 77세 샐리 필드의 이야기를 듣고 있으면 정말 눈이 떠진다. 제인 폰다 에피소드에서 그녀는 성형수술을 후회한다고 털어놓았다. "내 얼굴과 평화롭게 늙어갈 수 있었다면 좋았을 텐데, 그럴 수 없었고 지금은 후회돼요. 그건 진짜가 아니에요. 이제 와서 어쩌겠어요."[4] 제인을 보며 쉽게 비판하는 건 쉽다. "저렇게 보이는 건 성형 때문이겠지." 하지만 나이 들수록 그녀의 입장을 공감하게 된다.

수년간 보톡스를 끊겠다고 다짐했지만, 이제는 3개월에 한 번 주사 예약을 잡고 있다. 주름이 사라지는 게 좋고, 이마가 팽팽해지는 느낌이 사랑스럽다. 하지만 여전히 이 선택이 마음에 걸린다. 오랫동안 보톡스를 싫어했다. 불공평한 경쟁처럼 보였기 때문이다. 어떤 이는 자연스럽게 늙어 가는데, 다른 이는 얼굴이 말 그대로 '얼어붙은 채' 시간 속에 갇혀 있다. 나는 생각했다. "모두가 함께 늙기로 약속하면 얼마나 쉬울까. 친구들과 '아이들이 16세 될 때까지 핸드폰을 절대 안 준다'고 약속하는 것처럼 말이야." 하지만 우리는 다 안다. 한 엄마가 먼저 무너져 아이에게 폰을 주면, 나머지 엄마들도 압박감을 느끼기 시작한다는 걸. 나는 내 주변에서 보톡스를 늦게 시작한 편이지만, 다른 한 편에서는 10살 아이에게 폰을 미리 쥐여 주는 '전형적인 엄마' 같이 보일 수 있다. 매일 보톡스 효과를 사랑하지만, 동시에 내 힘들게 번 돈을 '여성들은 늙어도 늙지 않은 척해야 한다'는 거짓말을 퍼뜨리는 데 쓰고 있지 않을까 고민한다.

"늙으면 이렇게 외모에 신경 쓴 걸 후회할 거야"라는 조언을 백만 번 들었지만, 스물여섯 살에 주변 모두가 외모에 집착할 때 그 말을 믿기 어려웠다. 줄리아 루이스 드레이푸스의 샐리 필드 인터뷰에서, 줄리아가 "스물한 살 자신에게 해주고 싶은 조언은?"이라고 묻자 샐리는 이렇게 말했다. "허벅지에 그렇게 신경 쓰지 마세요. 난 항상 체중에 대해 너무 걱정했어요." 줄리아가 다시 묻는다. "늙음에 대해 우리가 알아야 할 게 있을까요?" 샐리는 "사회에는 늙은 걸 부끄러워해야 한다는 인식이 있어요. 특히 여성에게요"라고 답했다. "내 허리가 두꺼워지는 건 어쩔 수 없어요. 다이어트를 굶어죽을 만큼 해도요. 이제 굶고 싶지도 않고. 이게 나이 듦의 일부고, 몸이 이렇게 반응하는 거예요. 건강하게 유지하려 노력할 테지만, 부끄러움이 스며들지 않게 끊임없이 자신을 다잡아야 해요."[5]

조금 웃긴 건 내 얼굴에는 그렇게 가차 없이 비판적이면서, 우리 엄마 얼굴에는 왜 그렇게 너그러운지 모르겠다. 엄마는 올해 예순다섯 살이다. 마흔 후반에 흰 머리 그대로 두셨고, 항노화 시술은 한 번도 안 하셨다. 내 눈엔 엄마가 절대적으로 아름답다. 나이답게 보이시고, 주근깨, 주름, 웃음선이 가득하다. 얼굴과 몸이 지구상에서 보낸 세월의 이야기를 그대로 말해준다. 여든 살의 케이트를 상상할 때, 피부나 바지 사이즈에 집착한 삶이 아니라 나도 엄마처럼 '잘 살아온 삶의 이야기'를 얼굴에 새기고 싶다.

이 싸움은 여전히 이어지겠지만, 나이가 많아 경험이 많고 현명한 여성들의 이야기를 들을수록 더 깨닫는다. 이건 이길 수 없는 전쟁이다. 시간을 되돌리고자 미끄러운 경사로를 오르려고 하기 시작하면, 보톡스는 필러로 이어지고, 크림과 세럼은 더 복잡하고 비싸진다. 결국 패배하는 오르막 싸움이다. 이 책이 나올 때쯤 내가 그걸 그만뒀을지, 아니면 계속할지 모르겠다. 일종의 서로 늘 부딪히는 욕망들이다.

샐리 필드의 말을 떠올려 보면, 나도 나이 듦에 따라 어떤 수치심과도 맞서고 싶어진다. 수치심은 우리가 뭔가 잘못했거나 어리석은 짓을 했다고 느낄 때 찾아온다. 늙어가는 것에 대해 내가 왜 잘못된 감정을 가져야 한단 말인가. 늙는다는 건 범죄가 아니다. 커피를 마시려고 만난 친구의 눈가 주름이나 기미를 보고 그녀를 덜 존중하거나 그런 모습에 대해 설명을 요구할까? 절대 아닐 것이다! 우리는 그 친구의 몸을, 세월의 모든 흔적을 담은 살아 있는 그릇으로 보기 때문이다. "왜 주름이 생겼어?"라고 묻지 않는다. 왜 생겼는지 다 알고 당신도 똑같이 나이가 들고 있기 때문이다. 지금 이 글을 쓰는 순간에도, 나는 여름 내내 가족과 햇볕 아래 보낸 탠닝 자국을 지니고 있다. 이 햇볕 노출은 내 피부를 더 늙게 만들 테지만, 나는 그 따스한 햇살 아래 가족과 보낸 날들을 어떤 대가를 치르고 서라도 지키고 싶다. 몸은 당신의 삶과 경험들을 반영하는 살아 있는 기록이다. 늙음을 멈추는 날은 삶을 멈추는 날이다.

스카우트와 함께 앉아, 그녀가 '멋진 여자아이 클럽 회장'이 되고 싶어 할 때, 나는 깨달았다. 우리 모녀는 28년의 나이 차가 있지만, 여전히 똑같은 싸움을 하고 있다는 걸. 옷차림, 주름, 체중계의 숫자… 결국 이 모든 게 공통된 거짓말로 귀결된다. 존재하지 않는 '완벽한 몸'에 대한 끝없는 욕망, 그리고 우리가 느껴서는 안 될 '수치심' 말이다.

이 문제는 아직도 내가 고민하고 있는 영역이다. 잘 늙는 법에 대한 답은 없지만, 첫걸음은 늙음을 '환영하는 것'이라고 믿는다. 어쩌면 나이 들며 쌓인 지혜, 나보다 훨씬 연장자들의 이야기에서 배운 교훈, 또 어쩌면 거울을 치운 집안 환경, 혹은 소소하게 지속 가능한 목표를 세운 덕분일지도 모른다. 어쨌든 나는 점점 내 몸과 화해해 가고 있다. 고등학교 시절의 케이트는 여전히 내 안에 있다. 하지만 이제는 훨씬 조용하다. 이제 지쳤을 테고, 자신의 딸들에게 전혀 다른, 더 나은 길을 보여주고 싶어 안달이 났을 테니까.

> **사고 방식 변화** 내 몸은 내가 살아온 삶의 이야기를 전하며, 전혀 부끄러워할 일이 아니다. 나이 들어감에도 나는 내 몸과 화해할 수 있다.

━━━━━━━━━━━━━━ **실천 단계** ━━━━━━━━━━━━━━

1. 일정 기간 동안 거주 공간에서 불필요한 거울을 제거해 보세요. 왜 도움이 될까요? 단순히 자신을 바라보거나 몸매를 확인할 기회가 훨씬 줄어들기 때문입니다. 집을 나서기 전에 옷차림을 점검할 수 있는 전신 거울은 두되, 자주 지나다니는 주요 위치에는 두지 마세요. 제 경우엔 침실 구석이 그곳입니다. 침대 반대편으로 걸어가야만 볼 수 있어 우연히 지나칠 일이 없어요. 공간이 좁다면? 옷장 문 안쪽에 걸 수 있는 전신 거울을 고려해 보세요. 원할 때면 문을 닫아 거울을 안 볼 수 있으니까요.

2. 건강과 체형에 관한 목표를 세울 때는 스스로에게 "이것이 지속 가능한가?"라고 물어보세요. 이것이 남편 네이트의 목표를 이끈 핵심이었습니다. 작고 지속 가능했기에 부담스럽지 않았죠. 운동을 시작하고 싶다면 지속 가능한 목표가 무엇인지 고민하고 거기서 시작하세요. 하루에 단 10분만이라도 좋습니다. 시간이 흐르고 계절이 바뀌면 지속 가능한 목표는 달라질 수 있지만, 항상 달성 가능하다고 느껴지는 습관적인 목표가 필요합니다. 그렇지 않으면 좌절하거나 지칠 가능성이 높습니다. 건강은 장기적으로 유지해야 하므로, 기대와 실천이 지속될 수 있도록 하세요.

3. 몸매에 대한 고민을 유발하는 소셜 미디어 계정은 언팔로우하세요. 이건 저에게 정말 큰 도움이 됐습니다. 운동 관련 계정 몇 개를 팔로우하고 있었는데, 그 계정들은 끊임없이 저를 남과 비교하게 만들거나 제가 충분히 노력하지 않는다는 느낌을 주었습니다. 소셜 미디어의 특성상 이런 콘텐츠가 언제 어디서 나타날지 전혀 예측할 수 없었고, 제 정신 상태가 좋지 않을 때면 정말 큰 영향을 받곤 했습니다. 이런 계정들은 언팔로우하거나 음소거하고, 정말 필요할 때만 본인의 판

　　　　　　　　　　　　　　　　저스트 위시 JUST WISH

단에 따라 방문하세요.

4. 힘들 때 털어놓을 수 있는 믿음직한 친구 한 명을 두세요. 그들이 적절한 말을 해
    줄 거라서라기보다, 때로는 단순히 입 밖에 내는 것만으로도 그 힘에서 벗어날
    수 있기 때문입니다. 그 사람은 배우자일 수도 있지만, 가능하다면 친구를 추천
    합니다. 배우자에게 말하지 말라는 뜻은 아닙니다. 다만 배우자는 당신이 듣고
    싶어 할 말을 해야 한다는 부담을 느낄 수 있지만, 친구는 당신이 의지할 수 있는
    더 든든한 진실을 전해줄 수 있기 때문입니다.

5. 잠시 자신을 할머니로 생각해 보세요. 그때 가서 가장 중요하게 여길 것은 무엇
    일까요? 마찬가지로, 자신의 할머니를 떠올려 보세요. 그녀가 나이를 먹어가던
    시절, 어떤 모습이 기억나시나요?

단지 돈이
좀 더 많았으면

사람들은 행복하기 위해 우선 눈앞의 지위와 성공을 추구하도록 되어 있다. 그런 본능에 맞서는 사람을 지켜보는 것은 놀라운 일이다. 겉보기에는 검소해 보이지만, 사실 그들은 세상이 원하는 것을 거부하고 더 깊이 들여다보며 다른 곳에서 행복을 찾기 때문이다.

— 모건 하우젤, "검소함 대 독립성"

 이 글을 쓰는 지금, 남편의 차가 고장 날 징조를 보이고 있다. 2014년식 스바루Subaru(일본산 자동차)로, 창문이 안 내려가고 최신 안전 기능은 전혀 없다. 운전은 잘 되지만, 찰스턴의 이 무더운 여름에 에어컨이 고장날 것 같아 걱정이다. 온라인에서 차를 찾아보다가 계속 같은 질문으로 돌아온다.

럭셔리 브랜드 중고차와 일반 브랜드 신차 가격이 똑같다. 중고차는 주행거리가 더 많고 기능도 구식이지만, 럭셔리 브랜드다. 예쁘고, 앞에 붙은 그 로고가 모두에게 '이건 고급차야'라고 말

해준다.

가격은 같지만, 나는 럭셔리 카에 끌린다. 왜 그럴까, 계속 묻는다.

내 인생에서 돈만큼 오랫동안 생각해 본 주제는 거의 없다. 하지만 당신이 상상하는 방식은 아닐 것이다. 돈을 어떻게 벌지에 대한 집착이 아니라, 오히려 내 삶에서 돈이 어떤 역할을 하길 원하는지에 대한 끊임없는 질문이다. 단순히 돈을 무엇에 쓰고 싶은지가 아니라, 내가 사는 물건들이 나에 대해 무엇을 말해주길 바라는지 이다. 돈과 나의 관계에서 내가 돈에 대해 어떤 사람인지. 또 돈을 기꺼이 쓰고 싶은 것과 사치라고 여기는 것이 무엇인지에 관한 것이다.

차는 하나의 예일 뿐이다. 하지만 이것은 내 삶이 어디에 있고 어디로 가는지, 내 가치관이 어디에 있는지에 대한 더 큰 물음으로 이어진다. 더 많은 마일리지와 적은 기능을 가진 럭셔리 로고를 소중히 여기는가? 진짜 차 성능이 더 낫다고 생각해서인가, 아니면 '럭셔리'라는 이름 때문인가? 사람들이 내가 럭셔리 카를 몰고 다니는 걸 부러워하길 원하는가? 누군가 내가 그 차를 운전하는 걸 보고 나에 대해 어떤 이미지를 가지길 원하는가? 그게 내가 정말 전달하고 싶은 이미지인가?

머릿속에서만 묻고 살아가는 삶은 지친다.

돈에 대한 내 복잡한 감정은 일찍부터 시작되었다. 나는 사우스캐롤라이나 찰스턴의 부유한 가정에서 자랐다. 찰스턴 자체가 이미 매우 부유한 도시인데, 그 안에서 부자라면 한 단계 더 위로 올라서는 거다. 원하는 건 다 가졌고, 돈과 지위에 대한 감각도 일찍부터 예민했다. 이 이야기를 하다 보니, 재정적으로 매주 생계에 쪼들리는 분들께 불편할 수도 있겠다는 생각이 든다. 그래서 이 챕터의 일부 이야기를 꺼내지 않으려 했다. 하지만 이 책을 쓰기 시작하면서 스스로에게 약속했다. 최대한 솔직하게 쓰겠다고. 그래서 불편할 수 있는 이야기를 하겠지만, 여기엔 우리 모두가, 어떤 재정적 계층에 있든, 배울 점이 있다고 믿는다. 끝까지 함께 해주길 바란다.

중고등학교 시절, 연애하던 여자애들은 예쁜 청바지와 좋은 차, 멋진 핸드백을 들었다. 항상 최신·최고 아이템에 대한 집착이 있었다. 중학교 때는 청바지가 전부였다. 아빠가 내 열여섯 번째 생일에 쇼핑을 가자고 엄청 신나서 말했던 기억이 난다. 중요한 나이라고 하시며 $200을 주셨다. 재미있는 오후가 될 거라 기대하셨다. 하지만 나는 이미 킹 스트리트의 '더 코퍼 페니The Copper Penny' 에 가서 $200 전부를 한 벌의 청바지에 썼다. 아빠는 고개를 절레절레하셨고 30분 만에 쇼핑이 끝났다. 하지만 열여섯 살의 나는 '멋진 청바지'가 뭔지 알았고, 그것을 원했다. 그 청바지는 바로 '럭서리'였으며 '지위'였다.

패션에서는 프리미엄 브랜드와 럭셔리 브랜드의 큰 차이를 눈치 채기 어렵다. 프리미엄 브랜드는 더 높은 품질과 더 나은 성능의 제품을 제공하는 것으로 알려져 있다. 많은 사람들은 프리미엄 브랜드 제품을 지위의 상징이 아니라, 진짜 품질이 더 좋거나 기능이 더 많다고 믿어서 산다. 프리미엄은 진짜 주머니가 더 많고 기능이 우수해서 새 가방을 사는 것, 즉, 럭셔리같이 단순히 모노그램 로고가 박힌 제품을 사는 것과 다르다. 럭셔리 브랜드도 좋은 제품을 제공하지만, 보통 그 가격을 정당화할 만큼의 품질은 아니다. 아이러니하게도 가격은 소유의 배타성과 지위감에서 나온다. 내 청바지는 $80짜리 청바지보다 $120이나 더 많은 실용성을 주지 않았지만, 뒷주머니에 물결 라인과 오른쪽 엉덩이 주머니의 작은 빨간 태그가 '세븐스Sevens'임을 알렸다. 열여섯 살의 나는 '멋진 청바지=부'라는 공식을 정확히 이해한 건 아니었지만, 그것이 지위와 인기를 상징한다는 건 알았다. 둘 다 내가 간절히 원하던 것들이었다.

고등학교 내내 이런 '좋은 것'에 대한 집착은 계속되었다. 나는 그것을 문제로 보지 않았다. 그게 바로 일종의 나의 숨 쉬는 공기였다. 친구들이 쇼핑 가자고 하면 우리는 킹 스트리트를 찾았다. 미국 남동부에서 가장 부유한 쇼핑 거리 중 하나로, 구찌·루이비통부터 아메리칸 이글, 애버크롬비 같은 주류 브랜드까지 다 있었다. 고3이 되던 해, 나는 킹 스트리트의 J. Crew에서 아르바이트를 시작했고, 소중한 직원 할인을 이용해 월급 대부분을 옷에 썼다.

돈이 타인과의 비교 척도로 기능했으니, 신이 나를 자신께로 이끄신 가장 큰 도구가 돈이었다는 건 놀랄 일이 아니다. 고등학교 4학년 때, 나는 새 차를 몰고 멋진 청바지를 입었고, 세상 걱정 하나 없이 살았지만, 늘 비참했다. 새 옷에 대한 도파민 러시는 더 이상 효과가 없었다. 지루하고 불안했다. 나는 최대한 마른 몸매를 유지하고 파티로 눈을 돌렸다. 처음엔 재미있었다(마른 몸매 유지는 제외하고, 그건 고통이었다). 하지만 몇 달 지나면 다시 공허해졌다. 돌이켜보니, 돈 많은 아이들이 마약에 빠지는 이유를 어느 정도 이해한다. 마약은 지루함과 불안을 채워주고, 물질적 소유가 채우지 못한 공간을 메워준다. 그들은 돈을 모아 좋은 걸 사는 꿈을 꾸지 않는다. 이미 좋은 걸 가졌는데도 어차피 마음은 부족하니까.

내가 어디서 왔는지 아는 것이 중요하다. 왜냐하면 그게 지금 내가 돈을 보는 시각에 가장 큰 영향을 미치기 때문이다. 나는 많은 사람들이 원하는 걸 가졌다. 돈과 그 돈이 주는 안정감을 가졌지만, 오히려 나의 생활은 완전히 불안정하게 느껴졌다. 내가 정말 무엇이 필요한지 전혀 몰랐고, 단지 돈과 돈으로 살 수 있는 것들에 채울 수 없는 공허함이 있다는 것만 알았다. 돈과 돈이 살 수 있는 것 너머의 기쁨과 목적에 대한 갈망은 너무나 명백해서 본능적으로 느껴졌다. 부자가 되면 행복해진다는 개념 자체에 약간 지쳐버렸다. 물론 돈은 분명히 닫혀 있었을 문들을 열어주었다. 단지 하루가 끝날 때 즈음에는 돈과 그로 인한 것들이 답이 아니라는 걸 알았다.

대학에 가서야 돈에 대한 내 개념이 완전히 뒤집혔다. 나는 노스캐롤라이나 공립 학교에 다녔는데, 타주 출신인 나에겐 비싸고 멋져 보였지만, 각종 혜택이 주어지는 현지 학생들에겐 저렴한 주립대였다. 어느 금요일 밤, 룸메이트가 청바지 좀 빌려줄 수 있냐고 했다(왜 이 챕터가 청바지로 도배되는 걸까?). 나는 옷장에 세븐스Sevens가 있다고 답했다. (참고: 고등학교 시절 내 비싼 7 For All Mankind 청바지는 지위와 스타일을 상징했다.) 그녀는 "'세 벌 중' 어느 거든 상관없어?"라고 되물었다. 브랜드 이름 자체를 모르는 데다 소유한 적도 없었다. 그제야 깨달았다. 지위의 상징은 사람들이 알아봐야 의미가 있다는 걸. 그 후 3년간, 내가 키운 재정적 거품이 보통이 아니라는 걸 알게 됐다. '가난'과 '부' 사이엔 수백 개의 미묘한 계층이 있었다. 돈이 엄청나게 복잡하다는 걸 이해하게 됐고, 사람들의 돈과의 관계는 훨씬 더 그랬다.

대학 시절, 할머니께서 $100 수표와 함께 쪽지를 보내주셨다. "바로 지금, 적더라도 크리스마스가 필요할지도 모르니까!" 파산 직전 대학생에겐 $100이 황금 티켓이었다! 할머니의 표현에서 '나에게 주는 선물'로 쓰라는 의도를 읽었다. 여행용 새 가방을 사고 싶었다(와, 이 챕터 진짜 청바지+가방뿐이네요). 여러 매장을 돌아다니며 고민하고, 가격 비교까지 했다. 결국 마운틴 스미스Mountain Smith 하이킹 백을 샀는데, 지금까지도 소중히 간직중이다. 대학에서 썼고(노스캐롤라이나 공립학교에서는 차코스 샌들과 멋진 하이킹 백이 대세였다), 나중에 네이트와 결혼해 그랜드 캐니언 등반 여행 때도 썼다. 그 가방을 정말 사랑했다. 파산 직전 대학생 기준으로는 '좋은' 가방이었고, 소중한 '황금 티켓'으로 산거라 더 애착이 갔다.

반면 네이트가 같은 수표를 받았다면 어떻게 했을지 지금 당장 말해줄 수 있다. 그는 아마 저축했을 것이다. 그리고 바로 여기에 우리 결혼 생활의 갈등 중 하나가 있다. 돈을 쓰는 사람 대 돈을 모으는 사람. 결혼 10년이 내게 가르쳐 준 것이 있다면, 두 사고 방식 모두 장점과 단점이 있다는 것이다. 그리고 아이러니하게도 건강한 정신 상태일 때는 돈을 쓰는 사람과 모으는 사람이 서로처럼 행동한다는 사실이다.

설명하자면 스트레스를 받을 때 소비형은 자신이 원하는 모든 것을 결코 얻을 수 없다고 느낀다. 원하는 모든 것을 살 만큼 돈이 충분하지 않기 때문이다. 반면 저축형은 결코 충분히 저축할 수 없다고 느낀다. 아무리 모아도 원하는 만큼의 안정감을 확보할 수 없기 때문이다. 하지만 아이러니하게도, 정신적으로 건강할 때의 소비형은 오히려 저축형처럼 행동한다. 모든 것을 다 가질 필요는 없다는 사실을 깨닫고 없어도 괜찮다는 마음을 가지며, 그 결과 자연스럽게 돈을 아낀다. 마찬가지로, 건강한 저축형은 소비형처럼 행동한다. 그들은 모든 돈을 다 모을 수는 없다는 걸 받아들이고 재정에 대한 집착을 조금은 내려놓고 여유있게 돈을 쓸 수 있게 된다.

네이트와 결혼한 뒤 우리는 기독교 대학 선교부에서 몇 년 일했고, 이어 네이트가 로스쿨에 입학했다. 저축을 시작하려 했지만 소득은 턱없이 적었다. 기본적으로 네이트의 여름 로펌 인턴십 수입으로 1년을 버텼다. 나는 트레이더 조에서 주간 식비를 $80~100으로 맞추는 걸 목표로 했다. 생일 선물 리스트엔 새 프라이팬, 스타벅스 기프트카드, 수건 같은 실용적 아이템이 길게 나열됐다.

할아버지는 우리의 재정을 걱정하셨다. 우편으로 돈을 슬쩍 보내주시거나 "필요한 건 다 있니?"라고 확인 전화도 주셨다. 한번은 할아버지께서 문구지에 "$50 넣었어. 집에 올 때 됐어(It is time for you to come home)"라고 적어 보내주셨다. 뇌물이 아니라 집에 오는 휘발유 값이었다. 가장 웃긴 일화는 냉동실에 모유가 넘쳐 판매 이야기가 나왔을 때. 엄마한테, 할아버지가 아시면 "베르타(Berta), 저 애가 우유를 판대!"라고 화내며 전화할 모습이 너무 코미디 같아서 엄마와 함께 배꼽 잡았다.

결국 모유는 팔지 않았지만, 나는 쿠폰 사용법과 한정된 돈을 최대한 효율적으로 쓰는 방법에 대해 제대로 배웠다. 우리는 "하루만 더 버틸 수 있을까?"라는 질문을 자주 던지며 식료품을 사러 갈때까지 며칠이나 더 버틸 수 있는지 시험하곤 했다. 트레이더 조스의 '투 벅 척Two Buck Chuck' 와인(값싼 와인)을 마시고, 유효기간이 훌쩍 지난 학생증으로 한참동안 영화관에서도 당당히 썼다.

핵심은 이것이다. 우리의 결핍은 컸지만, 오히려 그 시절이 심지어 더 만족스러웠다. 우리 부부는 '우정'이라는 면에선 엄청 풍부했다. 원하는 걸 당장 다 가질 수 없는 것이 오히려 유익했다. 원하는 걸 기다리며 느끼는 기쁨이 있었다. 하지만 통장 잔고가 늘어날수록 우편물 속 $100 수표를 받았을 때의 설렘은 점점 줄어들었다. 그 $100은 예전 같은 가치를 갖지 못했다. 여기서 '한계효용 체감의 법칙'이 작동한다. 돈이 나쁜 건 아니지만, 예상처럼 돈이 많아질수록 행복도 커지는 일은 일어나지 않았다.

돈은 특히 까다롭다. 돈 자체가 우리를 가두는 게 아니다. 국가 화폐가 폭락해 휴지 조각이 되는 걸 봤다. 물리적 돈은 허약한 종이와 동전일 뿐이다. 돈이 주는 것, 돈이 상징하는 것이 가치를 만든다. 이것은 다른 사랑들과는 완전히 다르다. 사랑하는 사람과 결혼할 때는 그 사람이 줄 수 있는 걸 위해서가 아니다. 그 사람이 함께하고 싶은 사람이기 때문이다. 아이를 낳을 때도 마찬가지다. 아이가 주는 기쁨 때문이지, 아이가 줄 수 있는 이득 때문이 아니다. 돈은 다르다. 돈은 우리가 진짜 원하는 걸 얻기 위한 도구일 뿐이다.

과거를 돌아보며 돈이 빠듯했던 시절에도 놀랍게 만족스러웠던 순간들을 떠올리는 건 내게 좋다. 그 시절들은 재정적 목표를 달성할 때마다 골대를 계속 이동하지 않아도 된다는 걸 상기시켜준다. 이 표현 들어본 적 있나? 미식축구에서 골대는 엔드존 뒤편에 고정돼 있고, 목표는 엔드존에 도달해 터치다운을 하는 거다. 하지만 골대가 계속 뒤로 밀린다면? 필드를 달려도 영원히 득점할 수 없다.

돈에 있어선 "절대 충분하지 않다"는 느낌이 바로 그 골대 이동이다. 괜찮은 집과 가족용 차를 마련하고 싶었는데, 손에 쥐자마자 골대가 이동한다. 이제 더 큰 집, 더 좋은 동네의 집을 원한다. 평범한 차가 아니라 럭셔리 카를 원한다. 부는 소득이 늘어도 생활 수준과 지출이 함께 팽창하지 않을 때 쌓인다.

골대를 고정하는 건 쉽지 않다. 교묘하고 어렵다. 점점 좋은 옷, 비싼 식료품을 살 수 있게 되고, 외식도 늘어난다. 더 나은 차나 큰 모기지도 감당할 수 있게 된다. 할 수 있으니 그렇게 한다. 그리고 이런 변화는 한꺼번에 일어나지 않는다. 월 $2,000 지출이 하룻밤에 $10,000이 되진 않는다. 끓는 물 온도처럼 1도씩 천천히 올라간다. 어느새 예전의 10배를 쓰고 있다.

불행히도 10배 행복해지진 않는다. 만족은 우리가 생각하는 대로 작동하지 않기 때문이다. 지평선의 신기루 같다. 항상 조금씩 더 멀리 있다. 원하는 게 조금만 더 멀리 있다면, 그걸 이룰 돈도 조금 더 멀리 있다. 배우자가 조금만 더 벌면, 보너스가 올해 조금만 더 컸으면, 그러면 진짜 행복할 텐데.

나심 니콜라스 탈레브의 책 『Fooled by Randomness』에서, 뉴욕시에 사는 성공한 변호사(마크)가 두 번째 부인(자넷)과 세 아이를 부양하는 이야기가 나온다. 그는 늘 일에 치여 지내지만 연봉 백만 달러로 가족의 모든 욕망과 필요를 채워준다. 불행히도 그들이 사는 파크 애비뉴 아파트엔 월스트리트 트레이더와 기업 임원들이 살고 있는데, 이들은 마크 연봉의 10배를 번다. 마크와 자넷은 미국인의 99.5%보다 더 많이 벌지만, 이 아파트에선 밑바닥이다. 탈레브는 이를 사회적 쳇바퀴라 부른다. "부자가 돼 부자 동네로 이사 가면, 다시 가난해지는 것." 그는 자넷이 자신과 남편이 미국 상위 1%라는 사실을 알게 되면 열등감이 사라지길 바라지만 좀 더 이성적으로 변하거나, 사회적 비교에서 비롯된 감정을 느끼지 않는 것은 인간이라면 불가능하다고 말한다. 탈레브는 비교측면에서 자넷을 진정으로 행복하게 할 것은, 오히려 그들이 가장 부자가 될 수 있는 동네로 이사 가는 게 더 행복할 거라 본다.[1]

탈레브의 이야기에 동의한다. 평균적인 동네에서 멋진 집을 가진 사람들이, 고급 동네에서 평범한 집을 가진 사람들보다 전반적으로 더 행복하다. 왜냐? 첫 번째 사람은 "내가 충분히 많아"라는 관점을 갖지만, 두 번째 사람은 "내가 부족해"라는 관점을 갖기 때문이다. 당신의 관점은 주변 환경에 의해 형성된다.

인터넷의 불행한 부작용 중 하나는 '동네'를 확장시킨다는 점이다. 전 세계 사진과 영상을 손끝으로 볼 수 있으니, 당신보다 훨씬 여유 있는 소득의 "이웃들"(혹은 그렇게 보이는 사람들)로 둘러싸인다. 갑자기 부족해지는 기분이다. 모르는 부자 친구들로 가득하고, 따라가려고 해도 골대가 계속 이동한다.

이 책을 쓰며 "존스네 따라잡기Keeping up with the Joneses"라는 표현에 대해 약간의 조사를 해봤는데, 이 표현은 실제로 'Keeping up with the Joneses'라는 인기 만화에서 유래했다는 사실을 알게 되었다. 그 만화의 한 컷이 우리의 감정을 너무 잘 요약해주고 있었다.[2]

이것은 짧지만 내가 쉽게 믿는 문장이다. "그녀는 인생을 제대로 즐기고 있어."

나는 남이 더 큰 집, 더 멋진 주방, 더 좋은 차를 가진 걸 보면, 그들이 인생에서 더 많이 얻어가고 있다고 믿는다. 돈이 행복을 못 사는 건 알지만, 그래도 만화 등장인물 클라리스와 같이 생각하는 나 자신을 느낀다. 돈은 행복을 못 사더라도, 내가 지금 가진 것보다는 조금 더 많은 걸 사줄 수는 있을 테니까.

우연찮게도, 내가 클라리스라면 남편 네이트는 돈에 무심하고 실용적인 클라리스 남편 알로이시우스 P. 맥기니스가 된다. 하지만 우리 버전의 만화에서 남편 네이트는 아마 이런 식으로 대답했을 것이다. "안됐네, 클라리스."

모건 하우절은 그의 저서 『돈의 심리학』에서 이렇게 썼다. "지속적으로 개인적인 재정 성공을 거둔 사람들―꼭 고소득층이 아닌―은 타인의 시선을 크게 신경 쓰지 않는 성향을 보이는 경향을 지녔다."[3] 말로는 쉬워 보이지만, 특히 여성에게는 매우 어려운 일이라 생각한다. 내 딸 스카우트는 일곱 살인데, 벌써 주변을 둘러보며 자신이 주변 사람들에 비해 어떤지 궁금해하는 모습을 보인다. 여기에 더 많은 옷, 더 좋은 스킨케어, 더 멋진 물건들이 필요하다고 믿게 만들기 위해 쏟아지는 수백만 달러의 광고까지 더해지면, 돈이 왜 그렇게 큰 고민거리가 되는지 당연하다.

다시 한번, 하우절은 이렇게 썼다.

"가장 어려운 재정적 기술은 목표 지점이 움직이지 않게 하는 것이다."

현대 자본주의는 두 가지에 능숙하다. 부를 창출하는 것과 질투를 유발하는 것. 아마도 이 둘은 서로 맞물려 있을 것이다.

 저스트 위시 JUST WISH

동료들을 뛰어넘고자 하는 욕망은 노력의 원동력이 될 수 있지만 '충분함'의 감각이 없는 삶은 재미가 없다. 흔히 말하듯, 행복은 결과에서 기대를 뺀 것에 불과하다.[4]

"부 창출과 시기심 유발"이라는 표현을 떠올리면, 『인디아나 존스와 운명의 사원』 장면이 머릿속에 그려진다. 천장과 바닥이 서서히 좁혀오는 장면. 위쪽 천장은 부 창출의 압박, 아래 바닥은 시기심이… 나를 가운데 두고 점점 다가오며 짓누른다.

소셜 미디어에서 기대치를 관리하며 어떻게 살아갈까? 다른 사람들의 삶을 부러워하지 않고 내 삶을 사랑하려면 어떻게 해야 할까? 솔직히 이 문제를 손쉽게 만들어줄 마법같은 방법이 있었으면 좋겠지만, 안타깝게도 이건 누구나 겪는 인간의 본성 일부라고 생각한다. 하지만 우리는 패배를 선언하고 손을 들 필요는 없다. 우리는 그보다 강하고, 더 나아질 수 있는 능력이 있으며, 지금 있는 것에서 만족을 찾을 수 있다.

돌이켜보니, 덜 쓰고 더 나누는 삶이 개인적 소비를 위해 부를 쌓는 것보다 더 큰 행복을 준다. 원하는 걸 당장 사지 않는 데서 오는 이점이 있다. 기다림 끝에 얻는 순간, 더 행복하고 감사해진다. 기다림과 갈망 속에서 물건의 가치가 올라간다. 우리의 화폐가 다시 가치를 갖는다. 골대를 고정하기로 결정할 때, 우리는 지금 가진 눈앞의 삶을 사랑하게 된다. 그리고 그것을 얻을 때 더 깊이 즐긴다. 가치가 올라갔으니까.

샤우나 니퀴스트의 명언 중 내가 가장 좋아하는 구절은 이렇다.

나는 천천히, 풍요와 절제의 리듬을 배우고 있다. 이 리듬은 내 일 년에 풍성한 박자를 선사한다. 나는 '절제'라는 단어를 느슨하게 사용한다. 풍요와 반대되는 용어로―허락과 규율, 우리가 스스로를 먹여 살리는 방식의 연속선상에서 필요한 앞뒤로의 흔들림이다.

추수감사절과 새해까지는 풍요의 시간. 나는 계절의 전통과 풍미를 사랑한다―단풍나무 버터를 곁들인 고구마 비스킷, 메리 이모의 건포도 빵을 토스트해 녹아내리는 짭짤한 체다 치즈 슬라이스를 얹은 것. 그리고 1월이 되면 금식은 매 순간 원하는 것을 가지지 않는 절제 훈련을 할 기회를 준다. 소비를 제한하고, 내 몸과 영혼에 새해를 위한 공간을 마련하는 것이다. 입과 욕망, 소비에 이끌리지 않는 한 해를 위해.[5]

손 니퀴스트의 글에서 '음식'을 '돈'으로 쉽게 바꿔 쓸 수 있다. 우리는 원할 때마다 가지지 않는 규율을 연습할 수 있다. 누가 링크를 올리면 즉시 아마존 '지금 구매' 버튼을 누르지 않는 연습. 갈망과 소비에 이끌리지 않는 삶을 살 수 있고, 그렇게 함으로써 더 깊은 기쁨, 더 지속적인 만족을 찾을 수 있다. '이 물건이 오면 내가 더 멋져질 거야'라는 희망으로 '지금 구매'를 클릭한 횟수가 셀 수 없다. 예쁜 사람이 입은 옷을 보고 나도 예뻐질 줄 알고 샀지만, 옷장에 걸려 거의 안 입는 옷이 셀 수 없이 많다. 내가 누구인지 알아내려고 돈을 낭비했다. 새 셔츠가 답을 줄 거라 바보처럼 생각했다.

가끔은 이런 생각이 든다. 우리 중 많은 이들이 스스로 느끼는 것보다 더 만족스러운 삶을 살고 있는 건 아닐까? 우리가 원한다고 믿는 것들 상당수가 세상이 중요하다고 말하기 때문에 굴복하는 것에 불과하다는 생각이 들 때가 있다. 더 멋지고, 더 크고, 더 나은 무언가를 채우려는 식으로 말이다. 하지만 한 발짝 물러선다면, 지금 가진 삶이 극도의 행복으로 가득 찬 삶이며 더 많은 돈을 벌기 위한 희생이 기대하는 만큼의 기쁨을 가져오지 않는다는 걸 알게 되지 않을까 싶다.

이 챕터의 시작에서 언급한 차 문제는 아직 결정을 못 내렸다. 하지만 결국 차 자체에 관한 게 아니라는 걸 안다. 돈은 원래 물건 자체에 관한 게 아니다. 우리의 삶, 가치관, 골대를 어디에 둘지 고민할수록, 돈과 돈이 상징하는 것에 휘둘리고 싶지 않다. 현재 집, 지금 입고 있는 청바지, 지금 함께하는 가족 여행을 있는 그대로 즐기려 애쓸수록 더 근사한 무언가를 원하고 싶은 마음은 점점 줄어든다. 내가 가진 것만으로도, 충분하다는 걸 조금씩 깨닫고 있다.

<table><tr><td>**사고 방식 변화**</td><td>타인의 소비나 결정이 나의 목표를 흔들게 두지 않겠다. 내게 중요한 것들에 대한 명확한 기준을 세울 때, 나는 현명하게 돈을 쓸 수 있으며 동시에 돈이 행복의 열쇠가 아님을 깨닫게 된다.</td></tr></table>

실천 단계

1. 시간을 내어 자신의 삶과 목표 기준에 대해 진지하게 생각해 보세요. 지난 몇 년 간 그 기준이 크게 변했나요? 그렇다면 그 변화에 대해 어떻게 느끼나요? (참고: 목표 기준이 변하는 것이 항상 나쁜 것은 아닙니다! 다만, 자신이 그 변화를 인지하지 못한 채 기준이 움직이거나 주변 사람들과의 경쟁에 휩쓸려 기준이 변하는지 주의 깊게 살펴보는 것이 중요합니다.)

2. 예산 계획을 세우고 이를 지키는 것은 단순히 돈을 모으는 것뿐만 아니라 이미 가진 돈의 가치를 높이는 강력한 방법이 될 수 있습니다. 원하는 것들에 대해 거절해야 할 때, 그것들은 더 소중해지며, 더 큰 행복을 가져다줄 가능성이 높습니다.

3. 지출 금식, 혹은 아마존 금식이라도 해보세요. 장바구니에 물건을 담되 한 달 동안 구매하지 마세요. 월말이 되면 장바구니를 살펴보고 실제로 원하거나 필요하지 않은 물건이 무엇인지 확인하세요.

4. 다음에 무언가를 구매하고 싶을 때, 잠시 멈추고 스스로에게 이유를 물어보세요. 단순히 그 물건을 원하기 때문이라는 답변도 괜찮습니다. 하지만 잠시 시간을 내어 조금 더 깊이 파고들어 보세요. 특정 집단이나 트렌드를 따라가려는 건 아닐까요?

   저스트 위시 JUST WISH

5. 자신의 성장 과정을 되돌아보는 시간을 가져보세요. 부모님이 재정 문제와 관련해 내린 결정들이 여러분의 돈에 대한 관점에 어떤 영향을 미쳤나요? (부모님은 돈을 많이 쓰셨나요, 아니면 저축하셨나요? 돈은 긍정적인 주제였나요, 아니면 스트레스의 원인이었나요?) 결혼하셨다면, 당신의 배우자가 자라온 환경은 이와 어떻게 다를까요?

| JUST WISH |

단지 시간이
좀 더 많았으면

걱정으로 가득 찬 이 삶이 무슨 소용이란 말인가,
멈추어 바라볼 시간이 없다면.

나뭇가지 아래에 서서,
양이나 소처럼 오래 바라볼 시간도 없다면.

숲을 지나면서도
다람쥐가 잔디 속에 밤을 감추는 것도 볼 시간이 없다면.

밝은 대낮에
밤하늘처럼 별이 가득한 시냇물을 볼 시간이 없다면.

여인의 아름다움이 스치는 눈길을 돌려 바라보거나,
그 발이 춤추는 것을 구경할 시간도 없다면.

그녀의 입술이, 눈빛이 시작한 미소를 완성할 때까지
기다릴 시간조차 없다면

걱정으로 가득한 이 삶이란,
우리가 멈추어 바라볼 시간이 없다면 너무도 빈곤한 삶이지
않은가.

— 윌리엄 헨리 데이비스, 「여유」

최근 누군가가 내게 인생에서 가장 큰 후회가 무엇이냐고 물었는데…
"급하게 서둘렀던 것. 눈앞의 일을 온전히 마주하지 못한 채 다음 일로 넘어갔던 것이라고 할 것이다. 사실 서두름으로 인해 얻은 단 하나의 이점도 떠올릴 수가 없다. 그 뒤에는 수천, 수만 개의 부서지고 놓친 것들이 쌓여 있을 뿐이었다. 그 모든 서두름 속에서 나는 시간을 벌고 있다고 생각했다. 하지만 알고 보니 나는 시간을 낭비하고 있었던 것이다."

— 마크 뷰캐넌, 『하나님의 안식』

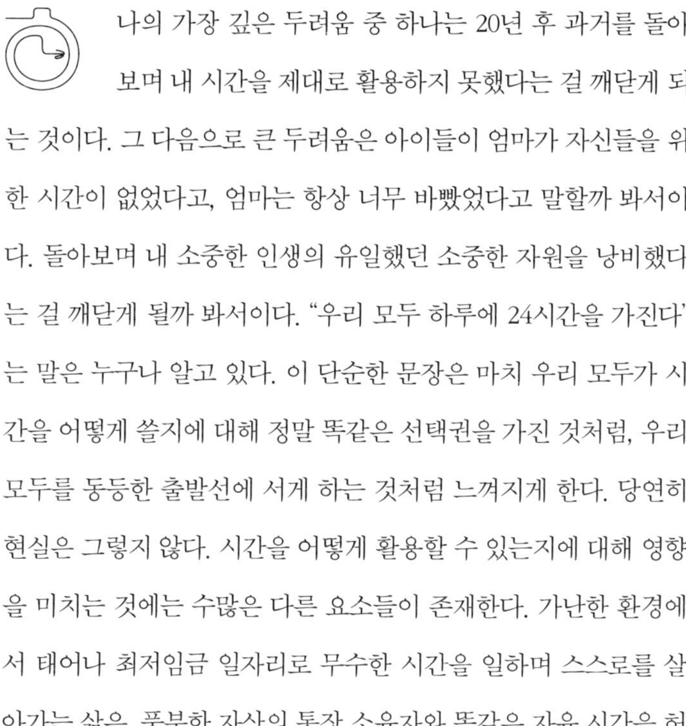

나의 가장 깊은 두려움 중 하나는 20년 후 과거를 돌아보며 내 시간을 제대로 활용하지 못했다는 걸 깨닫게 되는 것이다. 그 다음으로 큰 두려움은 아이들이 엄마가 자신들을 위한 시간이 없었다고, 엄마는 항상 너무 바빴었다고 말할까 봐서이다. 돌아보며 내 소중한 인생의 유일했던 소중한 자원을 낭비했다는 걸 깨닫게 될까 봐서이다. "우리 모두 하루에 24시간을 가진다"는 말은 누구나 알고 있다. 이 단순한 문장은 마치 우리 모두가 시간을 어떻게 쓸지에 대해 정말 똑같은 선택권을 가진 것처럼, 우리 모두를 동등한 출발선에 서게 하는 것처럼 느껴지게 한다. 당연히 현실은 그렇지 않다. 시간을 어떻게 활용할 수 있는지에 대해 영향을 미치는 것에는 수많은 다른 요소들이 존재한다. 가난한 환경에서 태어나 최저임금 일자리로 무수한 시간을 일하며 스스로를 살아가는 삶은, 풍부한 자산의 통장 소유자와 똑같은 자유 시간을 허락받지 않는다. 우리의 시간에 영향을 미치는 요소는 수없이 많고, 그 시간을 차지하기 위해 다투는 것들도 수없이 많다. 이 시간이라는 무료 자원은 결코 무료처럼 느껴지지 않는다.

애니 딜러드의 유명한 명언 "우리가 하루를 보내는 방식이 바로 우리 삶을 보내는 방식이다"[1]라는 문구는 내게 도움이 되기도 하지만, 동시에 나를 괴롭히기도 한다. 이 말은 내가 매 순간 내리는 선택들이 모여 시간을 이루고 시간은 하루를 이루고, 하루는 주를 이루고 그렇게 우리의 삶이 만들어진다는 것이다. 하지만 내게는 날들이 그냥 흘러가곤 했다. 그 시간 동안 대체 내가 뭘 했는지 의문이 들곤 했다. 내가 이룬 것들 중 내 삶을 원하는 방식대로 보내는 데 기여한 게 몇 개나 있었을까? 메리 올리버는 시 「여름날」에서 이렇게 썼다.

"나는 주의를 기울이는 법을 알고, 풀밭에 눕는 법을 알고, 풀밭에 무릎 꿇는 법을 알고, 게으름 피우며 축복받는 법을 알고, 들판을 거니는 법을 안다. 그게 내가 하루 종일 해온 일이다.
말해봐, 내가 또 무엇을 했어야 했을까?
결국 모든 것이 죽지 않나, 그것도 너무 일찍?
말해봐, 당신은 당신의 유일하고 소중한 삶을 어떻게 살 계획인가?"[2]

이 시가 정말 좋다. 그런데 메리 올리버와는 전혀 다른 기분이 든다. 나는 식사 준비를 해야 하고 빨래를 접어야 하며 유아용 쟁반 의자를 하루에도 열 번이나 씻어야 한다. 나는 아이와 항상 함께 있어주고 싶다. 정말이다. 다른 사람들을 위한 시간도 갖고 싶다. 하지만 설거지도 해야 하고, 바닥도 청소해야 하고, 현장 학습 동의서도 서명해야 한다. 하루에 해야 할 일이 너무 많아서 멍하니 무언가를 바라볼 여유도 없다. 이 장에서 맨 처음 언급한 헨리 데이비스의 시에서 묘사한 양과 소처럼 여유로운 삶을 살 수 없다.

나는 항상 스스로를 효율적이고 활력이 넘치는 사람이라고 생각해왔다. 코커 스패니얼 같은 에너지와 멀티태스킹 능력 덕분에 하루에 많은 일을 해낼 수 있다. 이것이 내 초능력이다. 나는 닌자처럼 습관을 쌓아간다. 매일 아침 거의 같은 시간에 일어나 운동하고, 그린 주스를 마시고, 디카페인 커피를 내리고, 아이들의 아침 식사와 등교 준비를 돕고, 그 다음 땅콩버터를 바른 잉글리시 머핀을 먹는다. 이 모든 일이 오전 8시까지 끝나며, 각 일정이 일어나는 시간까지 모두 알람시계에 맞추고 있을 정도다. 기계와 같다. 여러모로 이 정도의 규율은 산만한 뇌와 넘치는 에너지를 다스리고 길들이는 필수적인 방법이 되어주었다. 습관에 더 많이 전념할수록, 내 마음속에서 산만함이 차지하는 공간이 줄어든다. 여러 친구들이 내 규율과 자기관리를 언급하곤 한다. 대부분은 자신도 그렇게 할 수 있는 의지력이 있었으면 좋겠다고 말한다. 겉으로 보기엔, 이런 효율적인 삶의 태도는 분명 칭찬받을 만한 일이다. 하지만 마음 한켠에서는 이런 나의 태도가 나를 단단하게, 어쩌면 딱딱하게 만든 건 아닐까 하는 생각이 든다. 위기 상황에서 도움을 주는 사람으로서 나를 떠올릴지 모르지만, 감성적 위로가 필요할 때 안아주는 사람으로서 나를 떠올릴까? 이런 패턴과 습관이 내 안에 너무 깊이 자리 잡아서, 조금만 흐트러져도 쉽게 균형을 되찾지 못할 때가 있다. 나는 즉흥적인 일도 좋아하지만, 그건 어디까지나 내가 통제할 수 있는 방식 안에서일 때만 그렇다. 그래서 나 자신을, 쉽게 방해받는 사람이라고 할 수 없다.

많은 일을 해낼 수 있는 능력 덕분에 하루에 엄청난 양을 소화할 수 있었다. 집안일을 마치고 냅 타임 키친 관련 일을 하다가 저녁 준비를 하고 콘텐츠 촬영을 하는 식으로 바쁘게 움직였다. 여유는 거의 없었다. 바쁘게 움직이는 것이 중독이었고, 하루를 마무리하며 베개에 머리를 눕힐 때면 뭔가 해냈다는 생각에 만족해했다. 이 방식은 몇 년간 잘 통했다. 그러다 더 이상 통하지 않게 됐다. 몇 주마다 번아웃이 찾아왔다. 한바탕 울고, 늦잠 자고, 다시 털고 일어나 고된 일상에 복귀했다. 이런 패턴이 몇 달, 몇 년이 흘러도 반복됐다. 엄청나게 일하고, 지치고, 무너지고, 쓰러지고, 깨어나 다시 시작하는 식이었다.

아이들이 걸음마를 배우던 시절, 나는 세상의 모든 시간을 가진 것 같았지만 사실 일정이 아무것도 없었다. 1월에 새 달력을 사자, 그 위에 적을 내용이 전혀 없다는 걸 깨닫고 우울함이 밀려왔다. 그래서 우리는 아침마다 여러 공원을 돌아다니거나 타겟 매장의 통로를 맴돌곤 했다. 온라인 식료품 배달을 시키는 건 상상도 못 했다. 그건 내 달력에 남은 몇 안 되는 소중한 할 일 중 하나를 빼앗아가는 것이니까. 장보기 목록과 식단 계획은 그 긴 하루 속에서 나에게 희망의 등대이자 삶의 목적이 되어주었다.

이 말을 하는 것이 전업 주부의 일을 폄하하려는 건 아니다. 우리가 깨끗한 옷을 입을 수 있었던 건 내가 세탁을 했기 때문이고, 먹을 음식이 있었던 건 내가 장을 봤기 때문이다. 집이 원활하게 돌아갔던 건 내가 그렇게 만들었기 때문이다. 하지만 하루가 끝나면, 무언가를 이루었다고 표시할만한 체크리스트가 있는 것도 아니고, 아이들 도시락을 싸줬다고 금별^{star sticker}을 붙여주는 사람도 없다. 그래서 나는 그 상황을 견디기 위해 '바쁘게 지내는 것'으로 스스로를 달래기 시작했다. 지루하지만 않다면, 적어도 우리는 뭔가를 '하고 있다'는 느낌을 받을 수 있었으니까. 공원에서 점심 먹기, 놀아 주기, 낮잠 자기, 또 다른 공원으로 이동, 저녁 하기, 목욕시키기, 책 읽어주기, 잠자리까지 나는 하루를 쉴 틈 없이 몰아붙였다. 마치 TV 프로그램 〈슈퍼마켓 스위프^{Supermarket Sweep}〉에 나온 참가자 같았다. 가게 안을 정신없이 뛰어다니며 물건을 카트에 쑤셔 담고, 계산대로 달려가다 벽에 부딪치는 사람

말이다.

슬픈 말이지만, 2020년 팬데믹이 찾아오지 않았다면 내 삶은 아마 아이들이 대학을 졸업할 때까지 계속 그 상태로 달렸을지도 모른다. 하지만 어느새 세상이 완전히 멈춰 섰고, 우리가 시간을 메우기 위해 하던 온갖 활동들이 사라졌다. 어린이 박물관도, 수족관도 문을 닫았고, 공원에 가는 사람도 없었다. 식료품점의 복도를 천천히 거닐며 구경하는 여유로운 외출도 없어졌다. 우리는 온종일 집 안에서만 지냈다. 남편 네이트를 위해 세탁실에 급조한 사무공간을 만들었는데, 그가 전화 회의를 하려고 건조기를 멈춰 둔 뒤 다시 작동시키는 걸 깜빡했을 때마다 나는 속이 터지곤 했다. 세상은 멈췄지만, 그는 여전히 일을 해야 했고 나는 여전히 하루에 열세 시간쯤 세 아이와 함께해야 했다.

우리가 그동안 '의식없이 타고 있던 화물열차'가 팬데믹이라는 비상 브레이크를 만나 멈춰 선 셈이었다. 우리의 속도가 비로소 느려졌고, 그 시기에 나는 "우리에게 남은 건 시간뿐이야(Nothing but time)"라는 문장을 스스로의 좌우명처럼 여겼다. 매일매일, 하루에도 수십 번씩 나는 되뇌었다. 첫째 아이가 아침 산책 중에 돌탑 옆에서 한참 멈춰 있고 싶어 하면 "그래, 마음껏 봐. 우리에겐 시간밖에 없잖아."라고 했고, 둘째 아이가 낮잠 전에 책 한 권을 더 읽자고 하면 "좋아, 읽자. 우리에겐 시간뿐이야."라고 했다. 그 문장은 조급하게 살아 왔던 내 영혼을 달래주는 약이 되었다. 매

시각마다, "우리에겐 세상의 모든 시간이 있다"라고 스스로에게 상기시켰다. 그렇게 하면서 아이들이 느슨한 속도에서 훨씬 더 행복해한다는 걸 보게 되었다. 그들에게 더 많은 시간을 주면 색칠놀이를 오래 했고, 멈춰 서서 꽃을 따게 해주면 산책도 더 즐거워했다.

그러던 어느 날, 세상은 점차 다시 열리기 시작했다. 활동도, 약속도 돌아왔고, 냅 타임 키친도 성장하면서 수입 기회도 많아졌다. 셋째 밀리가 한 살이 되었을 무렵, 우리는 맞벌이 부부가 되어 있었다. 예전 같은 경제적 압박은 많이 사라졌지만, 이번에는 '시간'이라는 면에서 궁핍해지기 시작했다. 삶의 질은 급격히 떨어졌고, 유지하기조차 버거워졌다. 아이들은 점점 커갔고, 거기에 네 번째 아이 앨버타까지 태어났다. 앨버타가 생후 한 달쯤 되었을 때, 나는 남편 네이트를 바라보며 말했다. "둘 다 돈을 버는 건 좋은데, 이렇게 살아야 한다면 대체 무슨 의미가 있을까?" 시간의 양은 그대로였지만, 그 시간 안에 들어온 요구와 책임은 두 배가 되었다. 첫째 존 로버트와 둘째 스카우트는 카드게임을 하자고 졸랐고, 그와 동시에 셋째 밀리는 기저귀를 갈아야 했고, 넷째 앨버타는 낮잠을 안 자고 울어댔다. 그것도 집안일을 제외한 이야기다. 냅 타임 키친은 계속 성장하고 있었고, 네이트는 변호사로서 긴 시간 근무했다. 우리는 밤바다에서 서로 그냥 스쳐 가는 두 척의 배처럼 살았다. 아이들과 일에 쫓기며, 하루를 끝낼 때 남은 기운으로 그저 서로의 존재만 간신히 확인할 뿐이었다.

우리 둘 다 한계에 다다를 정도로 지쳐 있었다. 그래서 우리는 "네이트 당신이 회사를 그만두고 냅 타임 키친의 운영을 함께 맡는다면 어떤 모습일까?"를 구체적으로 생각하기 시작했다. 네이트는 계산기를 두드려 수익 구조를 따져봤고, 우리는 믿을 만한 친구들과 부모님께 조언을 구했다. 서류상으로만 보면, 이전보다 손해를 볼 게 분명했다. 하지만 신혼 초에 이미 "예산 안에서 살아가는 법"을 완벽히 익혔기에, 그 위험은 감수할 만한 가치가 있었다. 조금 더 긴축 재정을 하더라도 삶의 질이 나아질 수 있도록 한 선택은, 우리 이전 생활과 비교해서는 복권당첨 같은 일처럼 느껴졌다. 그리고 2022년 5월, 그 첫 대화를 나눈 지 6개월 후, 네이트는 직장을 그만두었다.

많은 사람들에게 이건 말도 안 되는 결정이었다. "왜 두 사람이 함께 벌 수 있는 기회를 포기하려고 할까?" "남편이 안정적인 복지와 고용이 보장된 일을 관두고 왜 아내와 함께 일하려고 할까?" 하지만 우리에겐 이유가 하나였다. 시간^{time}. 남편 네이트의 직장은 일정하고 구조화돼 있었지만, 그만큼 그가 언제 어디서 일해야 하는지에 대한 제약도 많았다. 반면 나와 함께 일하는 일은 더 불안정했지만 하루를 어떻게 보낼지 스스로 정할 수 있는 자유를 주었다. 우리는 비로소 우리 시간의 주인이 되었고, 그건 어떤 금전적 보상보다 큰 축복처럼 느껴졌다.

그건 우리 가족에게 놀라운 변화였다. 하지만 불행히도, 문제가 완전히 해결되지 않았다. 왜냐하면, 나는 '바쁨'에 중독된 사람이었기 때문이었다. 바쁘길 좋아하는 사람에게 시간을 더 주면, 그 시간은 금세 채워진다. 나는 진공청소기처럼, 새로 얻은 시간을 끝없이 자잘한 일이나 프로젝트, 심부름으로 빨아들였다. 그 결과 나는 늘 스트레스를 받고, 해야 할 일이 너무 많다고 불평했다. 어느 날, 네이트가 밖에서 시집을 읽고 있는 걸 보았다. 그때 나는 질투와 낙담이 뒤섞인 감정을 느꼈다. 질투는, 나도 그 시집을 읽고 싶었기 때문이고, 낙담은, 설령 시간이 주어져도 나는 결코 앉아서 시를 읽지 못하리란 걸 알았기 때문이다.

오랜 시간 동안 자신의 시간을 마음대로 쓸 수 없었던 네이트는 시간에 대한 관점이 나와 완전히 달랐다. 그가 일을 그만두기 전에는 독서할 시간조차 거의 없었다. 변호사로서 그는 시간을 기반으로 수임료를 청구했고, 더 많은 '청구 가능한 시간'을 채우면 보너스를 받았다. 그에게 시간은 글자 그대로 돈이었다. 대부분의 밤이면 버번 위스키와 과자, 그리고 TV와 함께 늦게까지 깨어 있었다. 피곤해 보일 때 내가 일찍 자라고 말하면, 그의 대답은 언제나 그가 어떤 상태로 살고 있는지를 정확히 보여줬다. "저녁 8시에서 10시 사이, 그 두 시간이 하루 중 유일하게 내 시간 같아."라고 말하곤 했다. 아침이 되면 그는 아이들을 챙기고, 자신을 준비시키고, 하루 종일 일하고 돌아와 저녁먹이고, 재우고⋯ 저녁 8시가 되어서야 비로소 그를 위한 무언가를 할 수 있었다. 만약 그 시간마저 일찍 잠들어 버리면, 다음 날은 또다시 똑같이 반복될 뿐이었다. 그 두 시간만이 그의 하루를 버티게 해주는 유일한 휴식 시간이었다.

그는 돈은 잘 벌었지만, 원할 때 마음대로 쉴 자유는 없었다. 그러다 스스로 깨달았다. '시간을 어떻게 쓸 수 있는가'가 진짜 삶의 유연성이라는 것과 가장 큰 자산이라는 것을. 그에게 만약 '자신만의 섬에서 뼈 빠지게 일하며 사는 삶'과 '평범한 동네 아담한 집에서 신문을 느긋이 읽는 삶'이라는 두 가지 중 하나의 선택지가 주어진다면 그는 주저 없이 후자를 고를 것이다. 남편 네이트에게 시를 읽을 수 있는 여유는 최고의 자유다. 내가 '꽉 차있는 해야 할 일 목록'에서 나의 정체성을 느낄 때, 그는 그걸 짐으로 본다. 내가 시간을 '소모해야 할 것'으로 볼 때, 그는 시간을 '가장 소중한 자원'으로 본다.

다행스럽게도 우리는 지금 부부다. 그래서 어느 시점에서는 남편 네이트가 개입을 한다. 무슨 말을 했는지 정확히 기억나진 않지만, 요지는 그가 직장을 그만두고 나와 함께 일하려고 한 건 내가 스트레스를 더 받는 삶을 살게 하려는 게 아니라는 거였다. 그는 내게 지금 느끼는 스트레스를 멈추려면 무엇이 필요하냐고 물었다. 답은 어려운 게 아니었다. 그저 물리적으로 내 삶의 속도를 늦추기로 마음먹기만 하면 됐다. 쉬웠을까? 안타깝게도 평소

    저스트 위시 JUST WISH

분주함에 중독된 나에게는 쉽지 않았다. 나는 알코올 중독자는 아니지만, 바쁘게 지내는 것에 중독된 사람이 고요한 환경에서 느끼는 감정은 마치 술집에 우두커니 앉아 있는 알코올 중독자의 감정과 비슷할 거라 상상한다. 손가락이 저리고 입에 침이 고인다. 불안하고 짜증나며 생각 속에 홀로 남겨진 기분이 든다. 간절히 원하는 것을 조금만 맛보면 나아질 것 같다. 술이라면 "한 잔쯤이야." 나에게는 "캘린더에 할 일 하나만 더."

보다시피, 겉으로는 해야 할 일이 너무 많다고 불평했지만, 사실 나는 그 모든 '할 일'을 사랑했다. 그건 어느새 나라는 사람을 규정하는 성격이 되어버렸다. 고요한 주변 속에 있는 내가 누구인지 나는 알지 못했다. 솔직히 말해, 그 모습을 마주하는 게 조금 두렵기도 했다. "하루 동안 내가 해내는 일들을 빼고 봤을 때, 내가 시시한 사람이면 어떡하지?" "내가 사람들을 위해 해주는 일을 멈추면, 사람들은 '있는 그대로의 나'를 정말로 사랑해 줄까?" 약간 웃기게 들릴지도 모르지만, 에니어그램Enneagram(인간의 성격을 9가지 기본 유형으로 나누어 설명하는 성격 분류 시스템) 3번 성향을 가진 사람들(성취욕이 강한 사람들)이 '성과와 수행' 바깥에 있는 자기를 마주하게 되는 것은 정말로 두려운 일이다.

그럼에도 나는 알고 있었다. 이대로 멈추려고 노력하지 않으면, 결국 상처를 입게 되는 건 우리 결혼 생활과 아이들이라는 것을. 그래서 2023년 여름, 나는 한 달 동안 온라인 활동을 멈추고 내 삶의 균형을 다시 맞춰보기로 했다. 겉으로 보기엔, 그저 여름 한 달을 쉬면서 가족과 휴가를 보내는 것처럼 보였을 것이다. 하지만 남편 네이트와 나는, '인터넷 기계'에서 잠시 떨어져 있을 시간이 필요하다는 것과 최신 스토리나 게시물에 사람들이 어떻게 반응하는지 확인하려고 핸드폰을 들여다보는 강박에서 벗어날 시간, 그리고 '도움이 될 만 한건 뭐든 찍어서 공유해야 한다'는 충동에서 떨어져 나올 시간이 내게 필요하다는 것을 알고 있었다.

그 한 달 동안은 수입이 줄어들 거라는 것도 알고 있었다. 그래도 꼭 해야 할 일처럼 느껴졌다. 나는 내 삶의 속도를 바꿔야 했다. 급브레이크가 아니라, 서서히 브레이크를 밟아 좀 더 지속 가능한 속도로 줄여나가야 했다. 그리고 이건 절대 빨리 끝날 일이 아니었다. 내가 단 하루 만에 무너진 게 아니듯, 하루 만에 고쳐질 수 있는 문제도 아니었으니까. 이 변화는 느리고 꾸준해야 했다. 배 밑바닥에 구멍이 난 배가 짐 상자를 하나씩 바다에 던져가며 천천히 선체를 가볍게 하는 것처럼, 상자 하나를 버릴 때마다 배는 조금씩 떠오르고, 마침내 가라앉을지도 모른다는 두려움이 서서히 잦아드는 것처럼 말이다.

그런 가운데 내가 특히 효율성에 사로잡혀 버린 영역이 하나 있었는데, 그것은 바로 요리였다. 늘 맛이 우선순위가 아니었다. 나는 속도와 편리함을 원했다. 단순하고, 때로는 반조리 음식이면 충분했다. 물론 변명할 여지도 있었다. 나는 어린아이 네 명을 키우고 있었고, 오래 공들여 만드는 요리는 현실적으로 쉽지 않았다. 애들은 어차피 그중 90퍼센트는 먹지도 않을 테니까. 하지만 요리는, 한때 내가 가장 '나답게' 느껴지던 영역이기도 했다. 주방은 내가 가장 살아 있는 것처럼 느껴지는 공간이었다. 그리고 그건 아마도 내게 자연스럽게 각인된 무엇이었을 것이다. 내가 가진 우리 엄마에 대한 거의 모든 기억 속에서 엄마는 항상 부엌에 있었다. 대학 다닐 때 차를 몰고 집으로 돌아올 때마다 엄마는 항상 거기에 있었다. 앞치마를 두르고 무언가를 저으며 썰고 있었고, 옆에는 푸드 네트워크 TV가 틀어져 있었다. 음식과 요리에 대한 이 사랑은 내 피 속에 흐르고 있었지만, 어느 새 그 사랑이 내 안에서 서서히 빠져나가고 있었다.

7월에 새 요리책 두 권을 주문했다. 첫 번째는 개비 달킨의 〈Take It Easy〉였고, 두 번째는 알렉스 스노드그래스의 〈The Comfortable Kitchen〉이었다. 책이 도착하자마자 특별히 오피스 디포에 가서 새 스티커 탭을 사왔다. 뒷마당에 앉아 책을 읽으며 맛있어 보이는 레시피마다 작은 탭으로 표시를 했다. 책장을 넘기며 레시피마다 스티커를 붙이는 동안 내내 활력이 넘쳤다. 그리고 달킨의 요리책에 홈메이드 누텔라 파이가 있었다. 집에서 만든 오레오 크러스트와 생크림 만드는 법까지 완벽했다. 나는 완전히 반해버렸다.

바로 그 주말에 필요한 재료를 사서 파이를 만들기 시작했다.

마트에 갔을 때 미리 만들어진 오레오 파이 크러스트를 찾았다(안 해도 될 걸 굳이 만들 필요가 있을까? 아, 케이트… 아직 갈 길이 멀었구나), 그런데 다행히도 그건 없었다. 이 파이 크러스트를 만들려면 거의 쓰지 않는 푸드 프로세서를 꺼내 진짜 오레오를 갈아야 했다. 레시피에 필요한 오레오 25개를 갈아 버터와 함께 프로세서에 넣고 버튼을 눌렀다. 오레오는 가장 완벽한 모래 같은 질감으로 가루가 되었고, 버터가 더해져 살짝 끈적거렸다. 손으로 반죽을 만들고 파이 크러스트 틀에 눌러 넣고 오븐에 7분간 구웠다. 구워지는 동안 필링 작업을 시작했고 생크림을 휘핑했다. 집에서 휘핑 크림을 만든 지 몇 년이나 됐는데, 그 맛이 얼마나 사랑스러운지 잊고 있었던 것 같았다. 크림을 휘핑할 때는 너무 적게 휘핑하면 액체 상태가 되고, 너무 많이 휘핑하면 버터가 되니까 주의 깊게 지켜봐야 한다. 이 레시피는 부드러운 봉우리가 생길 때까지 휘핑하라고 했는데, 아이들에게 부드러운 봉우리와 단단한 봉우리의 차이를 보여주는 게 즐거웠다. 휘핑한 크림을 반으로 나누어 반은 토핑용으로 따로 두고, 크림 치즈와 누텔라를 준비했다.

핸드믹서를 사용해 크림치즈와 누텔라 덩어리를 섞는 일은 용기가 없는 사람에겐 어울리지 않는다. 하지만 1분 정도 지나면, 완벽하게 퇴폐적이고 진한 우유 크림 치즈 같은 초콜릿 필링이 만들어진다. 그리고 가장 기분 좋은 순간이 온다. 신선한 휘핑크림의 절반을 넣고, 그 진하고 치즈 같은 초콜릿이 가볍게 실크처럼 부드러워지는 걸 지켜보는 거다. 파이 쉘shell이 식을 때까지 기다려야 하고, 그다음에 누텔라 필링을 부어야 한다. 가장 어려운 부분은 바로 여기다. 냉장고에 넣어두고 굳히는 시간을 기다려야 한다는 거.

요리책이 눈앞에 없는데도, 나는 이 파이를 만드는 모든 단계를 줄줄 꿰고 있다. 각 단계 사이에 완전한 집중력과 인내가 필요했다. 이건 부서서 구우면 끝나는 쿠키 반죽이 아니었다. 이건 느리고 의도적인 작업이었다. 재료를 계량하고, 기다리고, 식히고, 채우는 과정. 그 결과는 말할 것도 없이 완벽하게 맛있었다. 가족과 파이를 나눠 먹고, 마지막 몇 조각은 나 혼자 간직했다. 오후마다 한 조각을 잘라 집에서 만든 휘핑크림을 올리고, 뒤쪽 베란다에 앉아서 여유롭게 즐겼다. 이 파이를 만드는 데 쏟은 노력 때문인지, 나는 그걸 먹는 경험 자체를 음미하고 싶어졌다. 처음부터 끝까지 모든 게 영광스러웠다.

수년 동안 나는 집에서 파스타 만드는 사람들을 비웃었다. 시중에 판매하고 있는데 왜 그렇게 시간과 에너지를 낭비하는지 몰랐다. 하지만 이제야 이해한다. 이건 낭비된 시간이 아니다. 어떤 것을 처음부터 끝까지 만드는 과정에서, 사람 마음 속 안에서 무언가가 회복된다. 책장이든 수플레든, 그것들은 제작 과정에서 인간으로서의 나 자신을 일깨워주는 기술이 있다. 나는 창조주에 의해 만들어진 존재이고, 창조하고자 하는 타고난 욕구를 지녔다.

하지만 나는 너무 바빠져서 그걸 잊고 있었다. 전자레인지에 돌리고, 장보기 배송을 시키고, 조립이 이미 된 물건을 샀다. 그것들 자체는 나쁜 게 아니다. 하지만 삶이 번아웃으로 치닫고 있을 때, 나는 근본적인 변화가 절실히 필요했다. 가장 기본적이고 실용적인 시작점은, 배달 박스 속 수프 대신 집에서 스튜를 천천히 끓이는 것이었다. 매일 밤은 아니더라도, 더 자주 더 많은 여유와 시간을 허락하도록 강제로 자신을 훈련시키기 위해서였다.

그 여름이 나를 완전히 치유했다고 말하고 싶지만, 항상 '더, 더, 더' 하려는 추진력은 내 정체성의 일부라는 걸 깨닫고 있다. '할 일 목록'을 항상 손가락으로 꽉 움켜쥐고 있어서, 손가락 한 마디씩 떼어내어야 겨우 놓을 수 있을 정도다. 우리 집 운영 방식도 마찬가지였다. 수년 동안 나는 네이트가 꽃을 사 오는 걸 사실 원하지 않았다. 꽃이 싫어서가 아니라, 집이 이미 충분히 어수선했기 때문이다. 꽃 하나를 더 돌봐야 하고, 놔둘 자리를 마련해야 하는 게 부담스러웠다. 여름이면 이웃집에 멋진 정원이 있는데, 아이들은 끊임없이 잎사귀나 꽃을 집어와서 주방 테이블 위 유리병에 자랑스럽게 꽂아 놓는다. 누텔라 파이와 마찬가지로, 꽃은 나의 또 다른 아픈 지점을 건드리며 '놓아주고 그냥 존재하는 법'을 배우게 만들었다. 우리 집은 반짝반짝 깨끗한 바닥이 아니어도 다니는데 문제가 없다. 주방 카운터에서 수술을 하는 게 아니니까. 하지만 빠르게 움직일 때는 물건들이 설 여유 자리가 없다. 나는 도자기

가게에서 날뛰는 황소 같아서, 집에 깨지기 쉽거나 보관이 어려운 물건들 자체를 들이지 않게 꾸몄었다. 그러나 이제 서서히 가정의 따뜻함과 꽃병을 놓아 둘 장소, 그리고 아이들에게 안전한 많은 물건들을 받아들이는 법을 마음속에서 훈련하고 있다. 신기하게 도 그렇게 하면서 심장 박동이 느려지는 걸 느낀다. 집은 익숙하고 점점 살아 있는 느낌으로 변했고, 그로 인해 주어진 시간과 나 자신에게서 더 편안함을 느낀다. 모든 걸 다 끝내지 못해도 괜찮고, 뭔가를 놓치고 카펫이 하루 더 더러워져도 상관없다. 어떤 날은 쉽고, 어떤 날은 가장 고통스러운 수술 같다.

속도를 줄이기 시작하면서 주변 모든 사람들도 비슷한 서두름의 압박을 느끼고 있다는 걸 알게 되었다. 이건 새로운 현상이 아니다. 《서두름의 무자비한 제거》나 《느림을 좇다》 같은 책들이 아무 이유 없이 쓰인 게 아니다. 우리 문화는 서두름을 사랑하지만 동시에 고요함을 갈망한다. 우리는 시집이라는 개념 자체는 사랑하지만, 실제로 앉아서 읽으려 하지는 않는다. 홈스쿨링을 하는 친구부터 아이를 학교에 보내는 친구, 직장인부터 무직인 친구까지 모두 여전히 자신이 정말 바쁘다고 말한다. 아이들, 교회, 방과 후 활동, 우정 같은 좋은 것들로 가득 차 있음에도 말이다. 삶은 정말 좋은 것들로 가득할 수 있지만, 동시에 우리 중 너무 많은 이들이 자신들의 일정을 꼭 채우느라, 눈앞에 있는 것조차 제대로 즐기지 못할 만큼 바쁘게 살아가고 있다고 생각한다. 일정에 압도당하면서도 동시에 삶에 실망하는 거다.

그렇다면 시간을 벌려면 어떻게 해야 할까? 일을 안 하거나, 먹지 않거나, 더러운 환경에서 살 수는 없다. 솔직히 말해서 우리 중 누구도 그런 삶을 갈망하지는 않을 거다. 모두 휴가를 좋아하지만, 일주일쯤 지나면 지루해지기 시작한다. 조금의 일상과 규칙성이 그리워지고, 산책과 샐러드가 간절해진다. 우리는 할 일이 있고 시간을 잘 활용하고 있다는 느낌을 좋아한다. 단지 약간의 여유가 필요할 뿐이다. 나에게 여유란 일상에 흩뿌려진 작은 조각 같은 것들이다. 여유가 너무 많으면 지루하거나 안절부절하게 되고, 너무 적으면 지치고 허둥대게 된다. 이 균형을 잡는 게 쉽기만 하다면 좋겠지만, 때로는 지나치게 바쁜 시기를 겪은 후에야 숨쉴 공간이 필요하다는 걸 깨달았고, 허우적대던 시기를 겪고 나서야 내가 거의 익사 직전이었다는 걸 깨닫게 된다.

시간을 어떻게 보낼지에 관한 결정은 어려울 수 있지만, 내 하루를 되찾는 데 도움이 된 것은 사고의 전환이었다. 그 전환은 시간을 무한한 자원이 아닌 소중한 자원이라고 보는 데서 비롯되었다. 화폐가 가치를 지니는 이유는 금같은 실질적 가치로 뒷받침되기 때문이다. 하지만 화폐를 무한대로 찍어내면 돈은 더 이상 실물 가치로 뒷받침되지 않기 때문에 모든 화폐의 가치가 떨어진다. 시간은 묘하다. 돈처럼 더 많이 찍어낼 수 있는 것이 아니면서도 매일 새로워진다. 매일 새로워지지만 동시에 한정된 자원이다. 매

  저스트 위시 JUST WISH

일 새로워지기 때문에 우리는 끊임없이 시간으로부터 배울 수 있다. 우리는 죽을 때까지 매일 아침 똑같은 24시간을 부여받으며, 어떤 날은 그 시간을 다른 날보다 훨씬 더 잘 활용하게 된다.

우리가 통제할 수 없는 시간에 대한 요구가 너무 많다. 하지만 많은 사람들이 깨닫지 못하듯이 여기에는 자신의 선택권이 더 많다고 생각한다. 당신이 내리는 모든 결정에는 대가가 따른다. 그 대가가 가치가 있는지 아닌지는 여러분이 결정할 몫이다. 시간을 더 소중히 여기기 시작하면, 어떤 활동은 즐겁고 대가를 치를 만한 가치가 있고, 어떤 일은 소모적이고 지나치게 비싼 대가라는 걸 알게 된다. 명확히 말하자면, 나는 이걸 완벽하게 실천하지 못했다. 대개 돌이켜봤을 때야 비로소 "이건 시간 낭비였구나" 하고 깨닫는다. 하지만 앞서 말했듯이, 시간은 매일 새롭게 주어지니까 계속 배울 수 있다.

나의 요구사항의 대부분은 여전히 비슷하다. 세탁, 설거지, 과외 활동들. 나는 늘 공원 산책 후 저녁 하기, 재우기 루틴을 반복한다. 하지만 이제 이 모든 활동에 더 큰 목적과 충만함이 느껴진다. 나는 매일 해야 할 일들을 더 잘 즐길 수 있는지, 그리고 내가 즐기는 일들을 위해 더 많은 여유를 어떻게 가질 수 있는지 고민하기 시작했다. 그리고 그 답은 언제나 "아니오"라고 더 자주 거절하는 것, 즉 내 시간을 찾고 그 시간에 무엇을 투자해야 하는지를 소중히 여기는 데 있다. 그래서 지금 내가 덜 사교적일까? 아마도. 하지만 내 시간을 주는 곳의 깊이와 질이 몇 년 만에 가장 좋은 느낌이다.

마지막 문장이 좀 불안한 건, 이걸 읽을 때쯤이면 내가 또 다른 나락으로 빠져들어 무의미한 일들로 하루를 허둥지둥 채우고 있을지도 모르기 때문이다. 그냥 내가 재활 중이라고 해두고 싶다. 하지만 시간은 예전보다 더 소중해졌다. 실제로 시간을 더 얻을 순 없지만, 내가 보내는 시간을 음미하기 위해 미친 듯이 싸울 것이다. 마치 집에서 만든 달콤한 파이 한 조각처럼.

사고 방식 변화   시간을 되돌릴 수는 없지만, 그로부터 배울 수는 있다. 시간은 무료이지만 동시에 비용이 따르며, 매일 나는 시간을 어떻게 쓸지 선택하는 데 조금씩 더 현명해질 수 있다.

실천 단계

1. 시간을 단순히 채워야 할 대상이 아닌 소중하고 생명을 주는 자원으로서 바라보기 시작하는 것이 우리가 할 수 있는 가장 가치 있는 일 중 하나라고 생각합니다. 매일 집에서 파스타를 만들 시간이 있는 사람은 거의 없겠지만, 이런 (겉보기엔) 사소한 행동들이 우리 영혼에 훨씬 깊은 영향을 주고 있다고 믿습니다. 해보고 싶었지만 시간이 너무 많이 든다는 이유로 포기했던 활동이 있다면 무엇인가요? 그것을 이루기 위해 무엇을 포기해야 할까요?

2. 저는 그 시간 동안 무엇을 해냈는지가 아니라, 시간을 어떻게 보냈는지에 집중

하기 시작했습니다. 사소한 변화일 수 있지만, 상당한 이점을 가져왔습니다. 예를 들어, 잠들기 전 독서에 집중할 뿐, 몇 권의 책을 읽었는지 계속 기록하는 데 신경 쓰지 않습니다. 저는 단순히 읽기 자체를 위해 책을 읽습니다. 그로부터 얻을 수 있는 어떤 성취를 위해서가 아닙니다. 독서는 오로지 그 시간을 즐기기 위한 목적입니다. 여러분도 이와 같이 단순히 하는 행위 자체를 위해 즐길 수 있는 취미가 있나요? 결과보다는 과정 자체를 위해 말입니다.

3. 종이 한 장을 꺼내서 당신의 시간에게 요구하는 모든 것들을 적어보세요. 그런 다음 그것들을 필수적인 일과 선택적인 일로 분류하세요. (참고: 필수적인 일은 일, 수면, 학교, 식료품 주문 등과 같습니다. 반면 아이의 축구 연습은 필수처럼 느껴질 수 있지만 선택적인 일입니다. 이에 대해서는 4번 항목에서 더 자세히 설명하겠습니다.) 이 목록을 살펴보고 가족에게 가장 활력을 주는 것과 가장 에너지를 소모시키는 것을 평가해 보세요. 물론, 어쩔 수 없이 에너지를 소모시키는 일들도 분명히 있을 겁니다. 하지만 몇 가지는 줄일 수 있을지도 모릅니다. 시간이 부족하다면 여유 자원을 활용해, 도움을 구할 수 있는 부분이 있는지 한번 생각해 보세요.

4. 자녀가 있다면, 그들이 자신의 시간을 소중히 여기도록 돕는 것이 중요합니다. 아이들이 과도하게 바쁘고 지쳐서 부모의 도움이 필요할 수 있습니다. 축구에 열정을 느끼고 전념하고 싶어한다면, 축구를 잘하기 위한 여유와 에너지를 확보하기 위해 다른 것을 포기해야 할 수도 있습니다. 세 번째 단계에서 아이와 함께 같은 연습을 해보세요. 그렇게 하면 아이가 자신의 시간을 어디에 쏟고 있는지 볼 수 있게 됩니다. (안타깝게도 상당 부분은 학교일 가능성이 높고, 아이는 제일 먼저 학교를 빼고 싶다고 말할지도 모릅니다.) 아이에게 시간에 대해 가르치는 일은 아이가 시간을 소중히 여기도록 돕는 것입니다.

5. 피터 드러커는 "전혀 해서는 안 될 일을 엄청난 효율성으로 해내는 것만큼 쓸모 없는 일은 없다."[3]고 했습니다. 정말로 전혀 해서는 안 될 일을 억지로 일정에 끼워 넣으려고 애쓰고 있지는 않은가요? 아무도 당신에게 요구하지 않는 일을 스스로 떠맡고 있지는 않은가요?

| JUST WISH |

단지 내가
통제권이 있었으면

물론 그건 네 머릿속에서 벌어지고 있는 일이야, 해리. 하지
만 그게 대체 왜 현실이 아니라는 거지?

— J.K. 롤링, 『해리 포터와 죽음의 성물』

내가 대학 신입생으로 집을 떠나기 일주일 전에 삼촌이 교통사고로 돌아가셨다. 삼촌은 중고 포르쉐를 사려고 플로리다까지 비행기를 타고 내려갔다가, I-95 고속도로를 타고 사우스캐롤라이나로 돌아오는 길이었다. 그날 그가 운전하며 돌아오는 길에 우리는 실제로 전화로 이야기했고, 다음 주 화요일에 그가 나를 고급 레스토랑에 데려가 대학 진학을 축하해 주기로 약속했었다. 나는 고등학교 시절 오래 사귀었던 남자친구와 그때 막 헤어진 참이었다. 우리가 애칭으로 "도그 독Dog Dog"이라고 부르던 삼촌이 전화로 자세한 사정을 물었다. 전화상으로는 간단히 말하고, 저녁에 만나면 자세히 얘기하겠다고 했다. 8월의 전형적인 오후에 소나기가 쏟아졌고, 그 몇 시간 뒤에 삼촌의 차가 수막 현상(타이어와 노면 사이 물막이 생기는 현상)으로 미끄러져 나무에 부딪혔다.

엄마가 삼촌이 죽었다고 말해준 순간 나는 내가 정확히 어디에 있었는지까지 기억한다. 막 오빠를 잃은 슬픔에 드리워진 엄마의 얼굴과 스무 살과 열네 살의 사촌들이 막 아버지를 잃었다는 소식을 전화로 전하는 엄마의 슬픔 어린 목소리를 기억한다. 할아버지와 할머니는 당시 메인 주에서 결혼 기념일을 보내고 계셨다. 엄마와 엘렌 고모가 급히 비행기를 타고 날아가 소식을 전했다. 엄마에게 내가 기억하는 내용이 맞는지 확인해 달라고 했을 때, 엄마는 그날의 모든 순간을 생생히 기억한다고 말했다. 무엇보다도 엄마는 마치 자녀들이 갑자기 보러 온 것이 기념일 깜짝 선물이라도 된 듯이 할아버지의 얼굴에 가득했던 환한 미소를 기억했다. 그 당시 주변의 참담함은 너무나도 생생해서 지금도 속이 쓰릴 정도다. 할아버지 할머니는 아들을, 엄마는 오빠를, 사촌들은 아빠를 잃었다. 그리고 불과 10년도 채 지나지 않아, 그 두 사촌은 어머니마저 잃었다. 마치 거대한 불도저 삽으로 슬픔과 상실을 그들에게 왕창 쏟아 부은 듯 했다.

길 아래 이웃집은 작년에 네 살 난 아이를 암으로 잃었다. 살아

　　　　　　　　　　　　　저스트 위시 JUST WISH

있었다면 셋째 밀리와 같은 나이였을 것이다. 그들도 우리처럼 네 아이를 두고 있었는데, 산책할 때 그 가족을 보면 둘째 아이가 있어야 할 자리가 비어 있었던 게 기억난다. 내 친구 매기의 친정 엄마 낸이 뇌암 진단을 받았는데, 매기는 그녀가 내게 결혼 축하 파티를 열어주던 바로 그 날 그 소식을 알게 되었다. 낸은 몇 년 후 암으로 세상을 떠났고, 암은 그녀가 손주들과 함께할 시간을 앗아갔으며, 산후 초기 어머니의 도움이 가장 절실했던 시절의 매기에게 친정 어머니를 빼앗아갔다. 굳이 오래 살지 않아도 주변에서 절대적으로 끔찍한 비극을 겪는 사람들을 알게 된다. 교통사고와 암 진단, 심장마비가 찾아와 남겨진 이들의 마음에 깊은 상처를 안긴다. 그리고 이건 미국에서 벌어지는 일이다. 세계에서 가장 안전하고 의료 기술이 발달한 나라 중 하나라고 할 수 있는 곳에서 말이다.

반면 내 인생은 정말, 정말 멋졌다. 삼촌이 돌아가신 것 외엔 개인적으로 큰 비극을 겪진 않았다. 남편은 2020년에 갑자기 아버지를 잃었는데, 그가 그 고통을 겪는 모습을 보는 건 끔찍했지만, 나 자신은 그런 식으로 큰 충격을 받은 적은 없었다. 대부분은 나를 운이 좋은 사람이라고 할 것이고, 나도 그렇게 생각한다. 하지만 그건 동시에, 언제 끔찍한 일이 닥칠지 모른다는 불안 속에 늘 기다리는 상태로 나를 만들어놓았다. 어딘가 바로 코앞에 비극이 숨어 있는 것만 같은 두려움이 들었다. 인생이 영원히 이렇게 좋을 리가 없기 때문이다.

대학 시절에 유행하던 인기 설교 시리즈가 있었다. 목사님은 "인생에서 누구에게나 나쁜 일은 일어난다"는 점을 강조하고 있었다. 더 큰 주제는 "인생 전체가 고난"이며, 힘든 시기가 찾아와도 놀라지 말라는 것이었다. "하나님이 너를 벌주시는 게 아니다. 그분은 힘든 순간에 너와 함께하시며 너를 사랑하신다."라고 했다. 안타깝게도, 목사님이 모르고 있었던 사실은, 나는 안그래도 이미 불안 때문에 고통을 사방에서 찾아다니는 사람인데, 고통이 온다고 미리 알려줄 필요가 없는 사람이었다는 것이다.

그 설교가 가져온 결과는, 놀라운 삶을 가진 내가 오히려 두려움 속에 더욱 웅크러들었다는 것이었다. 목사님 말씀대로 나쁜 일은 언젠가 나를 찾아올 것이기 때문에 기쁨과 감사 속에 사는 대신, 나는 공포에 쪼그려 앉아, 언젠가 불행이 나에게 내려오는 순간을 눈을 부릅뜨고 기다렸다.

지금의 남편인 네이트와 진지하게 사귀기 시작할 무렵 내 불안감은 정점에 달했고, 그때 가장 두려웠던 건 갑작스러운 비극으로 그를 잃으면 어떡하지 라는 생각이었다. 농담이 아니라, 네이트가 아시아에서 귀국편 비행기를 탈 때 아빠가 나를 진정시키려고 공황장애 약까지 주셨다. 땅에 발을 꾹 붙이고 있는 내가, 네이트가 탄 비행기 때문에 약이 필요했다니.

그리고 통제권에 있어서 가장 끔찍한 점은 이것이다. 우리가 통제할 수 없는 상황은 우리 주변에 너무 흔하고 많다는 것이다.

네이트가 인도양 상공을 날던 비행기를 내가 통제할 수 없었듯이, 삼촌이 고속도로를 달리던 그날 밤의 속도와 비도 나는 통제할 수 없었다.

이 깨달음 이후 상황이 좀 더 나아졌다고 말해주고 싶지만, 아이들이 태어나며 오히려 걱정거리가 늘어났을 뿐이다. 그래서 나는 가장 익숙한 감정인 '불안'으로 가는 가장 쉬운 길을 택했다.

나는 걱정이라는 것을 마치 해변에서 주운 예쁜 조개처럼 주머니 깊숙이 꽂아두곤 했다. 주머니에 손을 넣어 그 모양을 느끼고 모든 홈과 틈새를 외워두고 그 걱정을 충분히 알게 되고 살아간다면 비극이 찾아올 때 내 마음이 어느 정도는 준비될 거라 생각했다.

그러나 이것은 여러 면에서 비합리적이었다. 첫째, 비극에 대한 걱정이 미리 비극을 막아줄 거라는 생각 자체가 무의미하다. 밴 와일더Van Wilder의 흔들의자 비유가 말해주듯, 걱정은 나에게 할 일을 남겼지만 아무런 진전도 가져다주지 않았다.[1] 둘째, 나는 내 몸이 느낄 이유가 전혀 없는 감정들을 억지로 강요하고 있었다. 마치 내가 전혀 하지 않는 스포츠를 위해 격렬한 훈련을 하는 것처럼, 나는 불안이라는 올림픽 선수였고 그 훈련은 혹독했다.

공포는 이성적 사고를 필요로 하지 않는다. 최근 캘리포니아에서 한 가족이 하이킹하던 중 푸마가 나타나 어린아이를 잡아간 끔찍한 이야기를 친구로부터 들었다. 경로를 앞서 달려간 어린 아이를 툭 튀어나와 그냥 데려갔다는 것이다. 사실 온라인에서 조사해봤지만 그런 이야기는 찾을 수 없었다. 퓨마 공격 사건은 있었지만, 아이가 납치를 당한 경우는 없었다. 참고로 나는 찰스턴 Charleston에 살고 있다. 사우스캐롤라이나 주에서는 100년 넘게 퓨마나 쿠거 목격 사례가 없었다. 그럼에도 내가 새롭게 떠올린 공포는 뭘까? 하이킹 중에 동물이 내 아이를 데려갈 수 있다는, 실제로 어떠한 증거도 없이 입에서 입으로만 전해지는 이야기에서 비롯된 공포다. 공포라는 것은 이성적이지도 않지만, 실제로 당신에게 일어날지 여부조차 신경 쓰지 않는다. 우리 뇌에 뿌리 내릴 작은 발판만 있어도 그 곳에서 자라기 시작한다.

우리에게도 근래에 닥친 위기들이 있었다. 2021년 여름, 밀리와 수영장과 관련된 끔찍한 순간이 있었다. 부모라면 꿈에서조차도 떠오르기 싫은 너무나 아찔했던 사고였다. 몇 주 동안 밤마다 깨서 그 장면을 되새겼다. 우리는 모두 바로 거기 있었고 그 애를 지켜보고 있다고 생각했었다. 그녀가 얼마나 쉽게 수면 아래로 미끄러져 들어갔는지. 맨발로 뜨거운 아스팔트를 밟으며 그녀에게 전력 질주했던 순간, 물속에서 허우적거리면서 필사적으로 나를 올려다보는 눈과 헐떡거리던 입, 그리고 그녀를 내 몸에 꼭 안고 "하나님 감사합니다"를 수십 번 외쳤던 나. 훨씬 더 끔찍할 수도 있었다.

마찬가지로, 몇 년 전 남편 네이트는 목숨을 잃을 뻔한 끔찍한 교통사고를 당했다. 오후 5시 러시아워에 쿠퍼 리버 브리지Cooper River Bridge를 지나 집으로 가던 중이었다. 다른 차가 끼어들어 급브레이크를 밟게 됐고, 차는 통제 불능으로 회전하며 180도 선회한 뒤 다리 가드레일에 부딪혔다. 전손된 차 안에서, 네이트는 그 순간 정오 가장 혼잡한 교통 체증를 마주하고 있었다. 그럼에도 기적이 일어났다. 사고 순간 옆 차선에 차가 없었고, 마주 오는 차들은 그를 의식해서 멈춰 섰다.

나는 아이들을 이웃에게 맡기고 다리 쪽으로 급히 달려갔다. 그가 도심 방향 차선에 있었기 때문에, 북쪽으로 다리를 완전히 건너 다시 남쪽으로 진입해서야 그에게 갈 수 있었다. 쿠퍼 리버 브리지는 찰스턴 항구를 가로지르는 3마일이나 되는 거대 다리다. 반도 넘지 않았는데도, 건너편에 구급차, 소방차, 경찰차의 불빛이 쏟아지는 게 보였다. 시야 끝까지 멈춰선 차량들, 사람들, 사고로 인한 교통 체증에 짜증낼 사람들이 넘쳤다. 그리고 그 사고의 중심에 내 남편이 있었다. 하지만 나는 그가 무사하다는 것도 알고 있었다. 통화도 했다. 훨씬 더 끔찍할 수도 있었다.

몇 년 전 더럼에 살던 일요일 오후였다. 몇 주째 비가 내리던 날씨가 드디어 개고 나서 사람들이 조개껍데기에서 나오는 은둔게처럼 집 밖으로 고개를 내밀었다. 햇살이 너무 반가웠다. 평소처럼 집안일을 하고 있었다. 세탁기를 돌리고, 깨끗한 침대 시트를 챙기고 할 때 동네 단체 채팅에 친구 제시카로부터 메시지가 왔다. "테오라는 9살 정도 되는 남자아이 아는 사람? 콘월리스 Cornwallis 정지 표지판 근처에서 방금 차에 치였어." 동네에 테오라는 아이는 딱 하나 생각났다. 9살짜리. 테오의 동생이 존 로버트와 함께 유치원에 다녔다. 그 아이의 엄마 스테이시도 알고 있었다. 네이트에게 급히 알리고 차를 몰고 콘월리스 정지 표지판으로 달려갔다. 뭐라고 말할지, 뭘 할지는 몰랐지만, 스테이시와 아직 연락이 안 됐다면 정보를 줄 수 있을 터였다.

현장에 도착했을 때 경찰차 다섯 대와 구급차가 있었다. 플로리다에서 삼촌이 죽던 오후의 현장 모습이 이랬을까 싶었다. 차 안에 앉아 있었는데, 얼굴이 하얗게 질린 스테이시가 차를 몰고 거리로 뛰어 나왔다. 다행히 그녀의 아들 테오는 괜찮았다. 자전거는 완전히 박살 났지만, 놀랍게도 무릎 찰과상 정도만 다쳤고 사고 현장에서 걸어 나왔다. 훨씬 더 끔찍할 수도 있었다.

존 로버트는 이제 8살이고, 독립심이 조금씩 보이기 시작한다. 자전거를 아주 잘 타며 수영도 할 줄 안다. 엄마 핸드폰 번호도 외웠다. 심지어 GPS 위치까지 차고 있다. 그는 여러 면에서 책임감 있고 믿음직스럽다는 걸 보여줬다. 그런데도 나는 여전히 그 아이가 자전거를 타고 혼자 외출하는 걸 허락하는 게 어렵다. 동갑 아이들이 자전거를 타며 양방향 확인도 안 하고 휘청거리며 달리는 걸 보면 불안해진다. 만약 저들이 제대로 보지도 않고 자전거를 타다 차에 치이면 어쩌지? 동네 단톡방에 다음 메시지가 자전거를 탄 또 다른 아이에 관한 거라면? 그리고 그 아이가 내 아들이라면? 가족끼리 모노폴리 딜Monopoly Deal 카드 게임을 자주 한다. 카드 게임답게 기술도 필요하지만, 대부분 운에 좌우된다. 게임에서 남편 네이트는 모든 걸 완벽히 해도 운이 안 따라주고, 스카우트는 하다가도 행운의 카드를 뽑아 승리한다.

스카우트는 우연한 행운으로 "내가 정말 실력이 좋구나"라고 착각할 수 있고, 네이트는 패배로 "내가 정말 카드 게임을 못하는구나"라고 자책할 수 있다. 전직 프로 포커 플레이어 애니 듀크는 이걸 "결과 귀속resulting"이라고 부른다. 자신이 내린 결정에 대해 평가할 때 게임 결과만 보고 판단하는 오류. 나쁜 결과를 바로 나쁜 결정으로 오인하는 것. 반대로, 모든 최선의 결정을 해도 불운이 따를 수 있다. 우리는 방정식에서 운의 역할을 무시한다. 좋은 결과가 나왔다고 "내가 대단해"라고 믿지 않듯, 나쁜 결과가 나왔다고 "내가 형편없어"라고 믿을 수도 없다.[2] 네이트가 게임에서 졌다고 카드 플레이어가 형편없는 게 아니듯, 스테이시의 아들이 사고를 당했다고 해서 나쁜 엄마가 아니다.

삶에는 아슬아슬한 순간들이 너무나 많다. 거의 다 될뻔 했던 일들, 더 나빠질 뻔했던 일들. 우리 손에 땀을 쥐게 할 만한 걱정들을 일으키는 상황들 말이다. 하지만 우리는 더 크고 나은 결말을 위해 싸워야 한다. 사랑하는 삶과 그것을 즐기기 위해서 말이다. 밀리가 물에 들어가지 않으면 어떻게 수영을 배우겠는가? 존 로버트가 동네 한 바퀴조차 돌지 못하면 어떻게 학교까지 자전거를 탈수 있겠는가? 네이트가 다시 운전대에 앉지 않으면 어떻게 직장에 가겠는가?

하지만 불안과의 싸움, 그리고 그것을 다루는 법은 여전히 계속된다. 부모님 세대의 "옛날 좋은 시절" 이야기를 들으면, 헬멧 없이 자전거를 타고, 해 질 때까지 놀다가 들어온 세대였다고 한다. 멋진 워치도, 핸드폰 체크인도 없었다. 친구들과 함께 있다가 저녁에 들어오겠다는 일반적 신뢰만 있었다. 확실한 건, 아빠는 8살 때부터 찰스턴 항구에서 구명 조끼도 없이 소형 모터 보트를 몰고다녔을 것이다. 당시는 구명 조끼 착용이 의무 사항이 아니었으니까.

어느 저녁 식사 자리에서 아빠가 옛날 이야기를 추억에 잠겨 하다가, 디저트 시간쯤 되면 누군가가 온라인에서 읽은 끔찍한 이야기를 세 가지 정도 털어놓곤 한다. 익사한 아이, 고속도로에서 발생한 열 대 가량의 차량 연쇄 추돌 사고, 온라인에서 끔찍한 성범죄자로부터 구출된 십대 청소년에 관한 이야기가 따뜻한 브라우니와 아이스크림을 곁들인 채 오간다. 기술 발전은 우리 손끝 스크롤 한번으로 수많은 이야기를 안겨주었고, 무언가를 읽고 새로운 공포를 뼈 속 깊이 새길 기회를 끊임없이 제공한다. 우리는 세상 물정에 더 밝아진 동시에, 동네 골목길에서 아이들이 평범하게 놀게 하는 것을 더 두려워하게 되었다.

삶에서 내가 불안과 통제에 가장 힘들어하는 영역은 단연코 여행이다. 나는 여행을 좋아하지 않는다. 사실, 그건 사실은 아니다. 나는 새롭고 흥미로운 장소를 방문하고, 새로운 문화를 보고, 새로운 음식을 맛보는 것을 좋아한다. 나는 내 자신의 세계와는 완전히 다른 세계에 몰입하는 것을 좋아한다. 단지 그곳에 물리적으로 도달하는 과정 자체를 좋아하지 않을 뿐이다. 아마도 이렇게 말해야 할 것 같다. 도착하는 순간은 좋아하지만, 그 여정 자체는 좋아하지 않는다고.

가장 힘든 건(여러분 예측이 맞다!) 바로 항공 여행이다. (남편 네이트가 비행 중일 때 나는 발을 땅에 단단히 붙인 채 공황 장애 약을 먹었던 사람이다.) 비행기를 타고 넓은 바다 위를 날 때 진정제라도 먹지 않으면 안 될 것 같다. 비행기가 고장 나거나 테러리스트가 탑승했을 거라고 확신하기 때문이다. 농담이라고 말하고 싶지만, 이게 내 현실이다. 비행기 안에서 머리를 좌우로 휙휙 돌리며, 대포폰을 가진 사람(홈랜드를 너무 많이 본 탓에 생긴 불행한 부작용)을 찾고, 아주 작은 난기류에도 생의 마지막 기도를 한다. 이성적으로는 비행기가 차보다 안전하다는 걸 안다. 그런데도 비행기에 탈 때마다 마음 한 켠에선 반드시 추락할 거라 믿곤 했다. 네이트가 상업용 항공기는 십 년 넘게 추락 사고가 없었다고 안심시키면, 나는 그를 쳐다보며 무표정한 목소리로 말하곤 했다. "우리가 그 통계를 바꿀 거야."

지난 10년간 이 두려움은 새로운 형태를 띠게 되었다. 바로 고속도로 여행이다. 안타깝게도, 새로운 곳을 가거나 가까이 있지 않은 사랑하는 사람을 만나려면 비행기를 타거나 고속도로를 따라 먼 길을 운전하는 선택지가 주어질 가능성이 높다. 나는 친구들을 페이스타임으로만 만나고 싶지 않았다. 펜실베이니아에 있는 남편 네이트의 시댁 가족들을 꼭 안아주고 싶었다. 알래스카에서 고래 관찰도 하고, 아이들을 데리고 서부로 하이킹도 가고 싶었다. 이 모든 것들은 진지한 여행 없이는 이루어질 수 없는 일들이었다.

마지막으로 탄 대서양 횡단 비행기에서, 나는 너무 스트레스를 받아서 아이들에게 내가 얼마나 사랑하는지 말하는 유언 영상을 만들고 친구 몰리에게 문자를 보냈다. (몰리는 그런 영상을 만든다고 해도 나를 완전 괴짜로 여기지 않을 만큼 나처럼 불안해하는 성격이다.)

네이트와 나는 아이들 없이 할머니와 함께 이탈리아로 가족 여행을 갈 예정이었다. 겉으로 보기엔 꿈같은 휴가였겠지만, 나는 완전히 긴장 상태였다. 네이트와 내가 죽을 경우를 대비해 아이들에게 보낼 마지막 작별 영상을 만들고 몰리에게 문자를 보냈으며, 여행 생각만 해도 속이 쓰렸다. 이탈리아 가는 게 정말 두려웠다.

이건 정상적인 게 아니다. 떠나기 몇 주 전, 교회 소그룹 모임에서 기도 제목을 나누던 중 나는 내 불안감을 털어놓았다. 그중 매기라는 여성이 가장 단순한 한 마디를 했는데, 그게 나에게는 완전히 깊은 깨달음이 되었고, 그 후로 비행기를 탈 때마다 매번 그 말을 떠올렸다. 매기는 농담조로 말했다. "만약 이탈리아에 가지 않고 집에 남아 아이들과 함께 있다가, 수족관에 가는 길에 차 사고를 당한다면? 바로 그 주에 이탈리아에 있었을 텐데 말이에요." 그녀의 논리가 다소 음울하게 느껴질 수도 있지만, 그 말은 마치 내 머릿속 스위치를 쾅 하고 켜버린 것 같았다. 차 안에서 내가 언제든지 쉽게 죽을 수도 있다는 생각이 오히려 나를 자유롭게 했다. 내 인생을 망칠 통제권을 어차피 가질 수 없다는 생각이 들었다. 결국 우리는 이탈리아에 갔고, 지금 나는 정말 감사하다. 왜냐하면 다섯 달 뒤 세상을 무너뜨린 팬데믹이 시작되었으니까.

2022년 1월, 펜데믹 2년 동안 극도로 제한된 항공 여행을 겪은 후 나는 다시 마음가짐을 시작해야 한다는 걸 깨달았다. 여자들만의 주말을 보내기 위해 플로리다행 비행기를 예약했다. 별것 아닌 것처럼 보일지 몰라도, 그것은 나에게는 또 하나의 대단한 시작점이었다. 그리고 이어 다른 항공편을 예약했고, 연이어 또 다른 항공편을 예약했다. 매번 '예약 확인'을 확정짓는 화면마다 숨을 죽이며 클릭을 했다. 매 여행 전날, 최종 예약 확인을 요청하는 이메일이 조금 일찍 도착할 때면, 두려움이 밀려왔고, 공항으로 가는 차 안에서 신경이 곤두섰다.

그런데 예상치 못한 일이 벌어지기 시작했다. 비행기 탑승 시 두려움을 덜어주는 무언가가 나를 도운 것이다. 1년 전 누군가 그 방법을 제안했다면 나는 비웃었을 법한 것이었다. 약도, 기도도 아니었다.

그것은 바로 그냥 비행기를 타는 것이었다.

비행기를 탈수록 비행기가 덜 무서워지기 시작했다. 안전하게 이륙하고 착륙할수록 다음 번엔 더 수월해졌다. 나는 모르는 사이에 스스로 노출 치료를 하고 있었던 것이다. 반복할수록 두려움과 불안은 무뎌졌다. 감히 말하자면 즐기기까지 했다. 나는 또한 내가 공항을 사랑한다는 걸 깨달았다. 수많은 사람들이 각기 다른 이유로 수없이 다양한 곳으로 향하는 그 분주함과 활기를 사랑한다. 아침 8시에 바가 열리고, 종종 아침 식사로 치즈버거를 주문할 수 있다는 점도 사랑한다. 공항에서는 시간이 다르게 흐르고, 그 속도 변화가 활력을 불어넣었다. 오랫동안 두려워했던 것이 사실은 나에게 많은 것을 줄 수 있다는 걸 깨달았다. 그저 직접 해봐야 알 수 있었던 것이다.

아마도 매일 차를 타고 다니는 것이 그렇게 무섭게 느껴지지 않는 이유는 단순히 내가 너무 자주 이용하기 때문일 것이다. 도로를 달리는 것이 더 안전해졌다는 뜻은 아니다(통계는 오히려 반대라고 한다). 다만 너무 자주 하다 보니 위험한 느낌이 무뎌진 것이다. 운전 교습 때 고속도로 진입로로 처음 진입했을 때는 분명 무서웠을 것이다. 하지만 지금은 일상적인 활동이 되어 더 이상 두려움을 느끼지 않는다. 나는 그걸 잘 다루고 있다. 통제권을 느끼기 때문이다. 나는 통제하는 걸 좋아한다. 그것은 마치 포근한 담요처럼 안전하고 든든한 느낌을 준다.

하지만 현실적으로, 나는 내 차의 운전대를 잡고 있을 때나, 비행기 23열에 앉아 있을 때는 통제권을 잃은 상태가 된다.

그냥 그저 그렇게 생각을 할 뿐이다.

나는 항상 이런 잘못된 믿음을 가지고 있었다. 운전대 뒤에 있는 한, 아이들과 함께 있는 한, 통제권을 쥔 한, 내가 모든 걸 괜찮게 만들 수 있다는 믿음 말이다.

"하나님, 제가 다 알아서 할게요! 우리 걱정은 마세요. 일상은 제가 감당할게요. 비행기나 응급 상황 같은 큰 일만 신경 써주세요."

이런 생각이 여행 전반에 대해 더 고민하게 만들었다. 두 가지 선택지가 있는 것 같다. 하나님께서 끊임없이 나를 지키시는 걸 보거나, 거짓 통제감에 빠져 내가 다 하고 있다고 착각하거나.

비행기 여행 후 집에 돌아오면, 특별히 감사한 마음으로 아이들을 재우는 시간이 소중해진다. 하지만 내가 정말 통제권을 쥐고 있지 않다는 논리가 맞다면 비행 후 아이들을 보는 감사의 마음이 결코 평범한 화요일에 타겟^{Target}에서 집으로 차를 몰고 돌아온 후 아이들을 보는 감사의 마음보다 커질 이유가 없다. 단순히 반복이 덜 위험하게 보이게 할 뿐이다. 반복이 나 혼자서 더 잘할 수 있다는 착각을 심어줄 뿐이다. 하지만 사실 나는 혼자 아무것도 하고 있지 않다! 그걸 깨닫고 나니, 신에 대한 내 신뢰가 항상 마음에 있어야 한다는 걸 알게 됐다.

통제권에 대해 깨달은 아름다운 진실이 있다. 예전에는 통제란 단지 나쁜 일을 막는 수단으로만 여겼다. 그런 식으로 나는 통제권 밖에 일어난 수많은 좋은 일들을 놓치고 있었다. 네이트가 전학을 결정해 노스캐롤라이나로 가게 된 것도 내가 통제할 수 없었다. 2019년 새해 첫날 유난히 따뜻했던 날씨도 통제할 수 없었다. 그때 아빠가 우리 모두를 보트에 태우고 나가서 50마리가 넘는 돌고래를 보게 해주셨는데, 아이들은 기쁨에 환호성을 질렀다. 네이트가 쿠퍼 강 다리에서 차가 미끄러졌던 날, 옆 차가 정말 잘 주의를 기울여 급브레이크를 밟아 그의 차를 피했던 사실도 내가 통제할 수 없었던 일이다. 내 통제권 밖에서 일어나는 좋은 일들은 훨씬 더 많았다.

지금도 불안은 여전히 내 가장 깊은 고뇌이자 내가 지고 있는 가장 큰 짐이다. 언제든 또 다른 불행이 닥칠 가능성이 있으며, 결국 사랑하는 사람들은 죽어갈 것이다. 하지만 내 가장 큰 후회는 결코 일어나지 않은 일들을 걱정하며, 상상 속 일들 때문에 손에 땀을 쥐고 있을 때 바로 내 눈앞에서 소중하고 놀라운 삶이 펼쳐지고 있다는 사실조차 깨닫지 못하는 것일 거다. 내가 통제할 수 없는 것들, 즉 내 주변에 존재하는 선한 것들을 더 많이 발견하고 깨달을수록 내 삶이 어떠해야 한다는 믿음에 꼭 움켜쥔 손을 풀기가 점점 더 쉬워진다. 마치 그림을 눈앞에 너무 가까이 대고 바라보는 것과 같다. 벽에 걸어두고 한 걸음 물러서기만 한다면, 더 큰 그림을 볼 수 있을 텐데 말이다. 모든 붓 터치들, 심지어 보기 흉해 보이는 것들조차도 아름다움을 이루기 위해 하나로 모인다는 걸 볼 수 있을 것이다. 단지, 내가 꽉 쥔 손을 풀고, 숨을 쉬며, 한 걸음 물러서서 바라보기만 한다면.

실천 단계

1. 삶 속에서 자신의 통제를 벗어난 '좋은 일들'이 어떻게 작용하는지 깨닫기 시작하려면, 감사 일기를 쓰는 것을 강력히 권합니다. 주방 카운터에 목록을 계속 적어두든, 잠들기 전에 세 가지씩 떠올리든, 통제권 밖에서 일어나는 좋은 일들을 인식하는 것은 당신의 삶과 사랑하는 이들에 대해 너무 꽉 움켜쥔 당신의 손아귀를 놀랍도록 풀어주는 힘을 지닙니다.

2. 사진첩을 상상해 보세요. 어떤 사진들로 채워지길 바라시나요? 그 사진첩에 담기고 싶은 장소나 사람들이 있나요? 기념일 여행을 떠나고 싶거나, 아이가 꿈꾸는 스포츠가 있을 수도 있겠죠. 수많은 모험이 가능하며, 위험을 감수할 만한 가

치가 있는 더 큰 꿈을 기억하는 것이 도움이 됩니다.

3. 유언장이 없다면 미리 작성하는 게 좋습니다. 여행을 떠나기 훨씬 전에 해두세요. 여행 출발 주에 서두르면 엄청난 불안감이 밀려올 테니까요. 제가 왜 아냐고요? 이미 유언장을 작성해두면 여행 전까지 마음이 한결 편안해집니다. 최악의 상황이 닥쳤을 때 내려야 할 중대한 결정들이 이미 처리되었다는 걸 알기 때문이죠.

4. 내 불안을 급증시키는 것: 카페인. 평소보다 훨씬 빠르게 한계점까지 치닫게 합니다. 당신도 그렇다면, 줄이거나 아예 끊는 것을 고려해 보세요.
   내 불안을 완화시키는 것: 운동. 운동은 내 불안에 대해 내가 해온 가장 큰 변화를 가져온 것 중 하나입니다. 나는 에너지가 매우 넘쳐서 끓어오르는 주전자처럼 느껴지며 깨는 편인데, 아침 운동이 그 날카로운 모서리를 깎아줍니다.

5. 네이트가 말레이시아에 있을 때 내가 공황 장애 약을 먹어야 했던 시절, 친구 티파니와 나눈 대화가 기억납니다. 티파니는 내가 동경할 만큼 낙천적인 삶을 살았습니다. 그녀는 아침에 일어나면 무슨 나쁜 일이 생길까 봐 두려워하는 것 같지 않았습니다. 그래서 나는 그녀에게 물었죠. "어떻게 그렇게 걱정 없이 살 수 있어? 내가 하지 못하는 일을 어떻게 네가 하고 있어?" 그러자 그에 대한 그녀의 대답은 너무나도 당연하고 현실적이어서 지금도 잊지 못합니다. 그녀는 만약 그런 일 중 하나라도 일어난다면 끔찍하겠지만, 모든 감정과 슬픔은 그때 찾아오는 거라고 말했어요. 하지만 평생 이런 일들을 걱정하며 살다가 80세가 되어 돌아보면, 결코 일어나지 않은 일들에 대한 두려움과 실현되지 않은 시나리오에 낭비한 시간과 에너지가 얼마나 더 끔찍하지 않겠냐고 말하더군요. 제 친구 티파니에게 제가 물어봤던 것처럼, 평소 두려움이나 불안감이 없는 사람들을 찾아 그들에게 물어보세요. 그들의 관점과 지혜로부터 배우십시오.

| JUST WISH |

단지 내 삶이
그녀의 삶처럼 보였으면

사다리의 맨 꼭대기에 올랐을 때, 그 사다리가 올바른 벽에
기대어 있지 않았음을 알게 될 수도 있다.

— 앨런 레인

2023년 내가 가장 좋아한 영화는 그레타 거윅 감독의
〈바비〉였다. 친정 가족들과 함께 보러 갔는데, 너무 웃
겨서 배가 아플 지경이었다. 기대했던 것보다는 좋은 의미로 많
이 달랐다. 영화는 바비 랜드라는 유토피아 세계로부터 시작된
다. 모든 바비는 자신의 모습 그대로 행복하고 만족해한다. 여기
나오는 바비들은 각자 역할을 맡고 있으며, 사회에 기여하는 방
식에 다들 깊은 만족감을 느낀다. 어떤 장면에서 저널리즘 분야
노벨상이 수여되는데, 상을 받게 된 바비는 기쁘게 "저는 정말 열

심히 일했어요. 그래서 당연히 상을 받을 자격이 있죠"라고 말하고, 이에 다른 모든 바비들이 열렬히 환호한다. 어느 누구도 질투하지 않는다. 내레이터 헬렌 미렌은 바비가 이룬 모든 것을 이렇게 요약한다. "그녀는 수영복 입은 평범한 여성으로 시작했을지 몰라도, 훨씬 더 큰 존재가 되었습니다. 그녀는 자신의 돈, 자신의 집, 자신의 차, 자신의 커리어를 다 가졌습니다."[1]

이 오프닝 장면들 중 극히 중요한 몇 가지 암시가 담겨 있다. 첫째, 미지. 미지는 바비의 임신한 친구인데, 또 다른 바비인 미렌은 이렇게 말한다. "사실 미지는 사람들에게 보여주지 말자. 임신한 바비는 너무 기괴하다는 이유로 매텔(바비 인형으로 유명한 완구 회가-Mattel)사에서 단종됐거든."[2] 바비 랜드의 모든 바비들은 직업을 갖고 있었지만, 어머니 역할을 맡은 바비는 단 한 명도 없다. 생각해보면, 결혼한 바비도, 가족이 있는 바비도 전혀 없다.

이 모든 것은 풍자적 의도겠지만, 오프닝 장면만으로도 생각할 거리가 가득하다. 우선 바비 인형들이 각자의 역할과 목적을 갖고 스스로에 대해 매우 만족해하는 세계가 펼쳐진다. 여기서는 비교나 험담도 존재하지 않는다. 죽음, 슬픔, 혹은 단순 비만 역시 찾아볼 수 없다. 우리가 알기로는 아이나 어머니도 존재하지 않는다(바비 랜드에서 영원히 임신 후기 고통 속에 사는 미지에게 위로를!). 어떤 바비도 복부에 생긴 임신선이나 주부 불면증, 결혼 생활과 개인적 꿈 사이의 갈등 같은 건 없다. 바비의 삶 속에서 걱정이란 그들의 피부 주름 수만큼이나 드물다.

바비는 매일 같은 종류의 활동을 하며 하루를 시작한다. 바비 랜드에서는 비교하는 사람이 없는데, 대부분 사람들의 삶이 실제로 똑같기 때문이다. 모두가 각자의 목적을 가지고 있으며, 그 목적 속에서 충만함을 느낀다. 우편 배달부 바비는 우편물을 배달하고, 파일럿 바비는 비행기를 조종한다. 모든 것이 아주 단순하다. 그러던 어느 날, 전형적인 바비의 특성을 가진 주인공 바비(마고 로비 분)에게 이상한 일들이 일어나기 시작한다. 그녀는 "억누를 수 없는 죽음의 감정"을 느끼고, 발이 납작해져 굽 높은 힐을 신기엔 완벽한 모양이 아니게 되며, 다리에 비만 살이 생기기 시작한다. 그녀는 이런 일들에 대해 걱정하며, 주변 바비들에게서 어떤 기묘한 바비(케이트 매키넌이 실제 완벽하고 유쾌하게 연기했다!)를 찾아가라는 말을 듣는다. 기묘한 바비는 주인공 바비에게 현실 세계로 가서 자신의 문제를 해결해야 한다고 말하지만, 주인공 바비는 가기를 원하지 않는다. 기묘한 바비의 반응은 간단하다. "좋아, 지방 비만이 생기든 말든 상관없어." 주인공 바비는 혐오감에 비명을 지른다. "안 돼! 안 돼, 안 돼, 안 돼! 안 돼!"[3] 바비들은 비만을 피하기 위해 모든 위험을 감수하려고 했다.

소셜 미디어는 바비 인형 나라 같은 느낌이 들 때가 있다. 사람들의 삶에서 재미있는 면만 보여주면서, 종종 힘들고 괴상한 면은 숨겨버리니까. 자신의 성취와 이정표를 강조하는 사진과 영상들을 연달아 올릴 수 있게 해주는데, 그게 바로 우리가 보고 싶어 하는 것이기 때문이다. 해변에서 햇빛에 반짝이는 임신 선이 그대로 드러난 사진을 누가 올리고 싶겠는가? 아니, 우리는 그런 사진들은 숨기거나 삭제하고, 더 나은 각도의 사진들만 게시한다. 가족 여행에서 아이가 여러 번 떼를 쓴 모습은 올리지 않고 고글과 선캡을 쓰고 웃고 있는 사진만 올린다. 고통 없이 즐거움만 담은 하이라이트 이미지들이다. 이해한다. 나도 그렇게 하니까.

휴대폰에 저장된 사진들을 살펴보다 스카우트가 다섯 살 때 뉴욕 여행에서 찍은 사진을 발견했다. 우리는 그때 먹고, 쇼핑하고, 크리스마스 시즌이 선사하는 모든 것을 만끽했다. 여행 전체가 완벽했다. 하지만 마지막 밤, 스카우트가 열이 나기 시작해 저녁 6시에 침대에 누워야 했다. 흥미로운 점은 이 한 장의 사진 덕분에 그녀가 아팠던 기억이 정말로 생생하게 떠올랐다는 것이다. 게다가 이 사진은 네이트에게 보내려고 찍은 거였다. 추억하고 싶었던 여행의 하이라이트는 아니었다. 여행할 때마다 나는 기억하고 싶은 것들을 사진으로 담고 기념하고 싶은 사진들을 올린다. 내 카메라 렌즈는 장밋빛이다. 울부짖는 아이, 남편과의 다툼, 얼굴에 난 여드름, 매일 먹는 지루한 토스트 같은 것들을 찍고 싶은 욕구는 거의 없다. 그런 것들이 존재하지 않는다는 뜻이 아니라, 내 뇌가 남에게 보여주고 싶어 하는 것들이 아니라는 뜻이다.

내가 감정적인 여유가 없을 때는, 누군가의 하루 장면 중에서 떼어 낸 짧은 영상 하나가 그들의 하루를 대표한다고 착각한다. 그걸 그렇게 나쁘지 않았던 나의 평범한 하루와 비교하다가, 갑자기 스스로 부족하게 느껴진다. 내 평범한 삶은 그들의 해변에서의 멋진 하루에 비하면 전혀 특별하지 않다. 내 하루를 그들의 아주 작은 순간들과 비교하니, 둘 다 왜곡된 현실로 보인다. 내 하루는 초라해 보이고, 그들의 하루는 기쁨과 재미로 가득 찬 것처럼 느껴진다. 실제로 그렇지 않더라도, 누군가의 백미터 달리기와 마라톤 주자인 나의 페이스를 본질적으로 비교하고 있는 것이다. 그들의 15초를 내 15시간 옆에 놓는 것이다. 논리적으로 생각하면 정말 말이 안 되는데, 수면 부족에다가 땀에 절어 샤워가 절실하고 아기가 내 어깨에 토를 한 직후에는 무엇이든 논리적으로 생각하기 힘들다.

하지만 그 덜 화려한 순간들이 내가 꿈꾸던 더 큰 '최고의 삶'의 일부가 아닌가 싶기도 하다. 가족을 만드는 과정에는 아기의 구토까지도 포함된다. 마라톤을 뛰는 데는 훈련과 물집, 잠이 없는 이른 아침의 기상도 따르고. 해변에서의 완벽한 모습 중에도 수영복에 모래가 들어간다.

내 책상 위에 밀리를 안고 병원에서 찍은 사진이 있다. 그 아이가 겨우 하루도 안 됐을 것이다. 너무 작고 통통하고 완벽하다. 나도 통통하고 잠 부족으로 눈이 부어 있지만, 이상하게도 밝다. 이 아이를 낳느라 내 몸이 겪은 고통을 다스리기 위해 병원용 속

옷과 기저귀를 입고 있어도 엄청나게 행복하다. 통증이 너무 심하고, 호르몬은 완전 엉망이고, 거의 잠을 못 자고, 완전히 내게 의지하는 새로운 생명체가 생겨서 부담감에 압도당하는데도 기쁘고 감사하다. 무엇인가 마음이 허한 듯 하면서도 동시에 온전하게 꽉 차오름이 느껴진다.

바비 영화 오프닝 장면을 처음 봤을 때, 전 세계 여성들에게 그런 세상이 현실이 되길 바랐다. 바비 랜드에서 살고 싶었다! 하지만 곧 그럴 수 없다는 걸 깨달았다. 나는 결혼했고 사랑하는 가족이 있으며, 바비의 틀을 벗어난 희망과 꿈이 있다. 바비의 세계에서 부족한 것들은 우리의 삶에 가장 큰 의미를 부여하는 것들이다. 배우자와 다투고 자존심을 삼키며, 결혼 생활을 오래 지속하기 위해 매일 노력하는 것. 차를 사기 위해 다른 것들을 사지 않고 참는 것. 나이 드신 부모님을 돌보는 것. 퇴근 후 지치고 피곤한 몸으로 집에 돌아와 저녁 준비와 아이들 업어주는 것, 그리고 아이들 취침 준비라는 두 번째 근무를 시작하는 것, 이런 선택된 고통의 작은 순간들이 바로 당신이 갈망해 온 삶을 만들어간다. 50주년 결혼기념일, 가족 여행, 부모님과 함께하는 시간, 그리고 가족을 이루는 것들 모두 포함해서 말이다. 바비 랜드는 재미있어 보이지만, 마치 영원한 휴가 같은 느낌이 든다. 즐거워 보이긴 하지만, 어느 정도 시간이 지나면 해변조차도 빛을 잃는 것 같아 보인다. 설탕을 너무 많이 넣은 커피처럼, 지나치게 달콤한 맛 말이다.

너무 많이 마시면 속이 메스꺼운 것처럼.

타인의 바비 인형 같은 세계에 휩쓸리지 않으려면, 내가 어떤 게임을 하고 있는지 알아야 한다. 그 말은 내 삶에서 무엇이 중요한지, 어떤 목표를 향해 나아가고 있는지 스스로 결정해야 한다는 뜻이다. 그리고 내가 하는 이 게임은 시간이 지나면서 바뀔 수 있다. 네이트와 내가 결혼했을 때 우리는 로스쿨을 가능한 한 적은 빚으로 졸업하기 위해 돈을 모으는 데 많은 노력을 기울였다. 우리는 그 게임에서 이기기 위해 결정을 내렸다. 친구들이 호화로운 휴가를 떠나거나 새 차를 사는 모습을 볼 때마다, 우리는 그건 우리가 하고 있는 게임이 아니라고 스스로에게 상기시켜야 했다. 그런 일들을 한다면 빚만 더 늘어나고, 우리에게 가장 중요한 게임에서 오히려 패배하게 될 테니까.

그 순간은 전혀 즐겁지 않았다. 옷 살 돈이 필요했고, 식료품점에서 스스로 그렇게 쪼잔하게 굴지 않길 바랐다. 나와 같은 나이대의 사람들이 더 멋진 아파트와 차를 갖고 더 좋은 휴가를 즐기는 걸 보며 나는 마음이 쓰라렸다. 그들이 하는 그 어떤 게임이든 내 것보다 훨씬 재미있어 보였고, 그래서 나는 남편이 일부러 그걸 알도록 했다. 돌이켜보면, 그 시절은 남편 네이트에게는 힘든 시기였던 것 같다. 집에는 계절이 바뀔 때마다 타겟에서 새 장신구를 사지 못해 화가 나서 불행해하는 아내가 있었다. 더 많은 돈을 벌지 못한다는 죄책감을 느끼게 하는 아내. 물론 장기적으로 보면 타겟

장신구보다 로스쿨 학비를 선택한 게 옳았지만, 당시 나는 화가 나 있었고 그 분노를 그에게 쏟아 부었다. 무엇이 중요하고 우리가 무엇을 위해 노력하는지 제대로 파악하지 못했던 것이다.

내가 하고 있는 게임에 집중하지 않으면, 내가 중요하게 여기는 것들을 금방 놓쳐버린다. 나는 'The Lazy Genius' 팟캐스트에서 켄드라 아다치(진행자)와 제임스 클리어(역대 가장 인기 있는 습관 관련 서적 'Atomic habit'의 저자)의 인터뷰를 듣고 있었다. 그들은 제리 세인펠드라는 코미디언이 개그 작품을 위해 하루도 빠짐없이 꾸준히 노력해 온 헌신에 대해 이야기하고 있었다.[4] 세인펠드는 이 습관을 성공적으로 유지해왔다고 공개적으로 밝힌 바 있으며, 이는 정말 인상적이었다! 하지만 그의 삶의 다른 영역에서는 어떤 대가를 치렀을지 궁금해지기도 하다. 그는 매일 개그 작품을 쓰기 위해 포기해야 했던 것들이 있었다. 진행자 켄드라는 세인펠드가 정말로 유명한 코미디언이 되고 싶어 했기에, 매일 엄격한 방식으로 개그 원고를 쓰는 것이 그에게 매우 중요했으며, 그의 최고 목표였다고 했다. 그리고 마침내 그는 해냈다! 하지만 우리가 보지 못한 배경에는 수많은 힘든 날들과 훈련이 있었고, 그가 아마도 포기하거나 놓쳤을 수많은 게임들도 있었을 것이다. 우리가 보는 건 그의 성공한 경력일 뿐, 친구들과 가족과 떨어져 지낸 시간이나, 자신의 기술을 연마하기 위해 거절했던 수많은 기회들은 보이지 않는다. 그는 다른 수많은 부분에서 기쁨을 놓쳤을지 몰라도, 그에게 중요한 이 분야, 매일 코미디를 연습하는 일만큼은 절대 놓치지 않았다.

✑

세인펠드의 헌신은 워런 버핏이 언급한 내부 점수표와 외부 점수표에 대한 이야기를 떠올리게 한다. "사람들의 행동 방식에 관한 핵심 질문은 그들이 내부 점수표를 가졌는지 외부 점수표를 가졌는 지다. 내부 점수표로 만족할 수 있다면 도움이 된다."[5] 내부 점수표란 개인이 성공을 정의하는 방식이며, 오직 본인만이 자신의 성공 여부를 진정으로 판단할 수 있다. 누구도 당신을 대신해 성공을 정의할 수 없다. 즉, 자신이 어떤 게임을 하고 있는지, 성공이 당신의 어떤 모습인지 알고 있다는 뜻이다. 이는 상대방이 정한 규칙이 아니다. 당신이 스스로 규칙을 세우는 것이다.

외부 점수표로 사는 건 진짜 힘들다. 사람들이 나를 어떻게 생각할까? 내가 성공적으로 보일까? 인생 잘 풀린 것처럼 보이면서도 너무 애쓰는 것처럼 티 안 나게 옷을 입어야 할까? 특히 온라인에서 삶의 대부분을 공유하다 보면 이게 얼마나 위험한지 상상이 갈 것이다. 이렇게 하면 나의 게임 규칙이 아니라 남의 게임 규칙으로 플레이되는 것이다. 내부 점수표는 내게 진짜 중요한 걸 고려하게 된다. 자신의 게임에 딱 맞는 점수표 말이다. 내게 성공적인 삶이 뭔지 측정하고 내 삶을 남들 눈이 아니라 내가 스스로 중요하게 여기는 걸 기준으로 생각하면, 훨씬 단순해진다. 가족을 사랑하고 싶다. 아이들과 시간을 더 보내고 싶고, 언제든 아이들에게 기꺼이 방해받을 수 있고, 사람들과 함께 있으면 재미있는 사람이 되고 싶다. 우리가 가끔 누군가가 도움이 필요할 때 아낌없이 그들에게 베풀 수 있는 여건을 갖추고 싶다는 것도 안다. 그러려면 버는 돈의 한계까지 쓰면 안 된다. 나눠줄 게 없으니까.

예를 들어 남편 네이트와 내가 예산을 초과하는 집을 샀다고 치자. 내 친구는 재정적 자유를 중요하게 생각해서 예산 안에서 집을 샀다고 치자. 우리 집은 친구 집보다 크고 멋질 것이다. 외부 점수표로 보면 우리가 더 부유하거나 성공적으로 보일 수 있다. 더 큰 파티를 열거나 동네 아이들이 사랑하는 수영장이 생길지도 모른다. 그러나 우리는 더 이상 원하는 많은 일을 할 수 있는 재정적 여유가 없을 것이다. 사람들을 초대할 때 따르는 추가 비용 때문에 파티를 열 때면 스트레스를 받을 것이다. 도움이 필요한 남들의 이야기를 듣고 우리도 돕고 싶지만, 그럴 여유가 없을 것이다. 외부 점수표는 훌륭해 보일지 몰라도, 내부 점수표는 좋지 않다. 반면, 내 친구는 화려하지 않은 삶을 살아 누구도 특별히 감탄하지 않을지 몰라도, 그들은 재정적 스트레스가 없고 필요할 때 망설임 없이 베풀 수 있다. 그들의 외부 점수표는 덜 인상적일지 몰라도, 내부 점수표는 치솟고 있는 것이다.

매튜 매커너히는 몇 년 전 이 말에 자신만의 해석을 더했다. 그는 제작사, 음악 레이블, 사회 재단, 연기자, 그리고 행복한 가정을 모두 갖고 있었다. 그는 데일리 스토익 팟캐스트에서 이렇게 설명했다. "저는 다섯 가지 분야에서 모두 B를 받고 있습니다. 하지만 딱 세 가지 분야에서만은 A를 받고 싶습니다. 배우로 활동하며 사회 재단을 운영하고, 가족을 돌보는 사람이 되고 싶어요."[6] 다시 말해, 그는 외부 점수표에서는 탁월했지만 내부 점수표는 부진하다는 걸 알았다고 했다. A를 받아야 할 분야에서 B를 받고 있다고 했다. 그는 엄청난 성공을 거두었지만 진정으로 행복하지 않았다고 했다. 자신이 가장 중요하다고 믿는 것을 위해 살고 있지 않다는 걸 알았기 때문이라고 했다.

나는 내 삶에서 이렇게 살고 싶다. 따뜻한 집을 만드는 건 정말 A를 받고 싶은 부분이다. 깨끗하고 잘 꾸민 집은 C를 받아도 괜찮다. 친구가 와서 C급 정돈 상태를 봐도 괜찮다. 왜냐하면 나랑 사는 건 어차피 네 명의 꼬맹이 아이들이니까. 이웃이 새 렉서스를 타고 집에 도착한다. 새 차가 좋을까? 물론이다. 하지만 내 점수표에서 높은 순위를 차지하는 건 아니다. 그 돈으로 내 삶을 더 가치 있게 쓸 수 있는 것들이 많이 있으니까.

한편으로는 쉽게 들릴지 모르겠으나, 사실 이건 나에게 정말 너무나도 어려운 일이다. 나도 깨끗하면서도 잘 꾸민 집을 원한다. 렉서스를 사고 다른 것들도 살 돈이 넘쳐나기를 바란다. 성공한 사업가이자 항상 애들 곁에 있는 엄마가 되고도 싶다. 모든 과목에서 A를 받고 싶지만, 그건 사실 불가능하다. 가족을 위해 정말 원하는 것들도 있고, 일을 위해 원하는 것들도 있지만, 그 둘은 종종 서로 상충되곤 하기 때문이다. 그리고 모든 목표에는 엄청난 고통과 희생이 따르는데, 바비 인형에서는 절대 볼 수 없는 부분이다. 의사 직업의 바비가 의대 입학 시험을 준비하며 울고 스트레스 받는 모습은 볼 수 없다. 심지어 코미디언 제리 세인펠드의 고군분투하는 모습조차 제대로 알지 못한다. 인스타그램 속 정사각형 사진들처럼, 우리는 결과물의 아름다움만을 보지 그 결과에 이르기까지 숨어있는 많은 희생에 대해서는 모른다.

행복과 성공이 제로섬 게임처럼 한정된 것이라고 믿기는 어렵다. 제로섬 게임이란 한쪽이 얻는 만큼 다른 쪽을 잃는다는 뜻이다. 하지만 행복은 그렇게 작동하지 않는다. 모두에게 분배가 돌아갈 만큼 충분하다. 인생은 상대평가로 점수 매기는 게 아니다. A를 받을 수 있는 자리는 몇 개만으로 끝나지는 않는다. 내 친구가 삶을 사랑하고 즐긴다고 해서 반대로 내 삶의 능력이 줄어드는 것은 결코 아니다. 항상 분배할 만큼 충분한 행복이 존재한다. 또한 우리 각자의 내면에는 완전히 다른 점수표가 있을 수도 있다. 진짜 위험은 내가 다른 사람의 게임에 집착할 때, 즉, 내가 실제로 오르고 싶지도 않은 벽에 사다리를 기대어 놓고 엉뚱하게 오를 때 찾아온다.

내 자신의 점수표를 생각할 때, 나는 남편 네이트와 아이들에게 최고의 삶을 주고 싶다는 걸 안다. 사람들이 우리 집이 안전하고 환영받고 사랑받는 장소라고 느끼길 바란다. 나는 좋은 언니, 딸, 친구가 되고 싶다. 온라인에서 사람들이 나에 대해 말하는 것보다 현실에서 내 주변 사람들이 나에 대해 말하는 것이 훨씬 더 중요하게 여겨지길 바란다. 이는 보이는 것보다 훨씬 어렵다. 무언가는 양보해야 할 테고, 그 무언가는 아마도 외부 평가표일 것이다. 이건 솔직히 어려운 일이다. 왜냐하면 우리는 사람들이 보고 나를 어떻게 생각하는지 정말 신경 쓰기 때문이다.

바비가 현실 세계를 방문하면 그녀의 점수표가 바뀐다. 평발과 비만 지방이 없다는 사실이 더 이상 그녀에게 행복한 삶을 정의하지 않는다. 모든 것에서 완벽한 몸매, 완벽한 경력, 완벽한 삶(완벽한 외부 점수표)을 가진 바비는 인간이 되고 싶어 한다. 그녀는 바비 랜드의 완벽함 너머에 더 많은 것이 있음을 깨닫는다. 완벽함은 더 이상 그녀에게 성공을 정의하지 않는다. 루스 핸들러(바비의 창조자)는 인간이 되는 것이 그렇게 대단한 일이 아니라고 경고한다. "너도 알다시피 인간은 단 하나의 결말만을 가질 뿐이야… 인간으로 사는 건 꽤 불편할 수 있어. 그리고 결국 죽게 되지."[7] 하지만 바비는 그것을 원한다. 왜냐하면 그녀는 온전한 삶을 원하기 때문이다. 노화와 비만 지방, 고통은 진짜 아름다운 삶을 이루는 일부다. 인간의 삶을 택한 주인공 바비에게는 무슨 일이 벌어질까? 그 부분은 알 수 없지만, 그녀에게 주름이 생기고 힘든 날도 있을 것이며, 울기도 하고, 아마도 소셜 미디어에 자신의 행복한 모습을 올릴 거라 추측한다. 그녀는 더 이상 바비 랜드에서 완벽하게 영원히 살지 않을 것이다. 그녀는 죽을 것이다. 하지만 그녀는 진짜, 진정한 삶을 살다 죽을 것이다. 그녀는 죽겠지만, 그녀에게 진정으로 중요한 게임에서 승리할 것이다.

사고 방식 변화 비교와 싸우는 가장 강력한 방법 중 하나는 나만의 게임과 내 마음속 내부 점수표를 정의하는 것이다. 내게 중요한 것에 진지해질 수 있다면, 내 선택을 책임지고 내 것도 아닌 외부 점수표에서 내가 어떻게 평가되는지 걱정하지 않을 수 있다. 하지만 먼저 내 게임이 무엇인지 정의한 다음, 내 우선순위에 집중하기 위해 미친 듯이 싸워야 한다.

실천 단계

1. 잠시 앉아서 자신이 어떤 게임을 하고 있는지 진지하게 자문해 보세요. 당신에게 진정으로 중요한 것은 무엇인가요? 승리는 어떤 모습일까요? 당신의 내부 점수표에는 어떤 것들이 기록되어 있나요?

 저스트 위시 JUST WISH

2. 소셜 미디어를 스크롤할 때 이러한 시각으로 바라보세요. "이 사람은 무엇을 기억하고 축하하려 하는가?" 석양. 기념일. 여행. 아기가 기적처럼 내내 울지 않았던 공원에서의 소풍. 그날의 단 1나노초(10억분의 1초)에 불과한 순간들입니다. 하루 힘든 시기에 그들이 매달릴 수 있는 작은 순간일 뿐입니다. 당신이 그렇게 바라보는 순간, 비교와 질투는 사라집니다.

3. 삶의 어떤 영역에서 A를 받고 싶으신가요? 어떤 영역에서는 C나 심지어 D라도 만족하실 수 있나요?

4. 당신의 삶에서 단순히 목표 달성만을 바라보기보다 즐기는 데 집중할 수 있는 습관이 있을까요? 예를 들어 체중 감량에만 집중하기보다 즐기면서 할 수 있는 운동이 있을까요? 아니면 배우고 싶은 새로운 기술이 있나요? 노력이 필요하지만 그 과정 자체가 즐거움의 형태가 될 수 있는 그런 것들 말입니다.

5. 데이비드 브룩스는 저서 『인격으로 가는 길』에서 이력서 미덕과 추도사 미덕의 차이를 논합니다.[8] 이력서 미덕은 인상적인 성과, 취업 시장에서 당신을 돋보이게 하는 것들입니다. 반면 추도사 미덕은 장례식에서 사람들이 언급하는 것들, 즉 종이에 기록되지 않은 것들입니다. 친절과 정직, 당신의 인품, 주변 사람들에게 좋은 사람이었는지, 가족을 잘 사랑했는지 등입니다. 브룩스는 이력서 미덕도 중요하며, 모든 사람이 커리어를 쌓기 위해 그 미덕에 집중하는 시기가 있을 것이라고 말합니다. 하지만 결국 우리 모두에게 돌아오는 것은 추도사 미덕입니다. 당신의 추도사 미덕에서 기억되고 싶은 덕목은 무엇인가요?

| JUST WISH |

단지 그 일이
잘 되었었더라면

이 세상을 단순히 우리의 행복을 위한 장소로만 생각한다면,
참을 수 없을 만큼 괴롭다. 하지만, 훈련과 교정의 장소로 생
각하면 그리 나쁘지 않다.[1]

— C.S. 루이스, 『재판대에 선 하나님』

에니어그램(사람의 성격을 9가지 유형으로 분류하는 유형 지표)에서 나는 3번(성취자)이지만, 항상 7번(낙천주의자)이 가지고 있는 기본 두려움에 크게 공감해왔다. 7번 유형의 두려움은 결핍하거나 고통받는 것이며, 나는 평생 그 두 가지를 피하려 애써왔다. 단식이나 신체적 불편함을 극도로 싫어하고, 하이힐조차 거의 신지 않았다. 더 큰 불편함은 말할 것도 없다. 차가운 물에 뛰어들기나 무통분만 같은 소위 '변혁적' 경험도 기꺼이 포기한다. 가족이 즐길 만한 재미있는 일만 끊임없이 찾아다니며, 모두

의 에너지(내 에너지도 포함)를 소모시켜도 멈추지 않았다. 어떤 고통이든 피하기 위해 놀라운 변명과 노력을 마다하지 않았다. 그리고 지금까지는 꽤 잘 해왔다. 문제는 이런 삶이 정말 지속 가능하지 않다는 점이다. 고통이나 불편함을 피하는 데도 한계가 있고, 즐거움만 쫓다 보면 실망이 바로 코앞에 다가오기 때문이다.

인간이라면 누구나 공감하는 보편적인 불만이 몇 가지 있다. 대화에서 가장 자주 등장하는 두 가지는 날씨와 교통이다. 날씨는 항상 너무 덥거나 춥거나 비가 오거나 벌레가 많거나 습하다. 교통도 마찬가지다. 어디에 살든, 마을이 아무리 작든 어느 정도는 교통 체증이 존재한다. 남편 네이트가 최근에 말하길, 교통 문제에 대한 해결책이 절대 나오지 않길 바란다고 했다. 모두가 함께할 수 있는 몇 안 되는 주제 중 하나이기 때문이다. 교통과 날씨는 우리를 하나로 묶어주는데, 여기에 하나 더 추가하고 싶다. '충족되지 않은 기대감'이다. 상황은 모두 다를 수 있지만, 누구나 매일 계획대로 되지 않은 일들을 마주한다. 누구나 실망을 경험해 본 적이 있다.

가정 상담사이자 치료사인 랜디 칼슨은 이렇게 말한다. "기대치에서 그 상황의 현실을 빼면 항상 실망이 된다. 실망을 줄이고 싶다면 바꿀 수 있는 건 두 가지 중 하나뿐이다. 기대치를 바꾸든지, 현실을 바꾸든지."[2]

나는 '실망'이라는 단어를 '비극'이라는 단어 대신에 의도적으로 사용한다. 비극에 관한 이야기를 쓰기에는 내가 적임자가 아니라고 생각하기 때문이다. 하지만 실망에 관해서는 풍부한 경험을 가지고 있다. 주로 과도한 기대를 품는 데는 탁월하기 때문이다. 안타깝게도 계획대로 되지 않는 일을 겪을 때면, 내 첫 번째 바람은 ‘다시 시작하는 것’이다. 기대치를 낮추기보다는 현실을 바꾸려고 필사적으로 노력한다. 그래서 다시 할 기회가 없을 때 좌절감이 밀려온다. 또한 이 장에서 실망에 집중하고 싶었던 또 다른 이유는 우리 모두가 겪어본 경험이라고 생각하기 때문이다. 아마도 비극을 겪고 있는 사람들을 이미 알고 있을지 모르겠지만, 그들의 고통은 당신이 상대적으로 얼마나 좋은 상황에 있는지 깨닫게 해준다. 그럼에도 불구하고 당신은 여전히 사소한 불편함이나 기대했던 대로 되지 않은 일들로 스스로 어려움을 겪기도 한다.

밀리는 우리 셋째 아이였고, 가장 즐거운 산후 경험을 준 아이였다. 친정이 가까이 있는 찰스턴에서 낳은 첫 아이라 가족들이 가까이에서 기꺼이 도와주었다. 남편 네이트는 글로벌 로펌에서 일했는데, 그곳은 정말 믿기 힘들 정도로 훌륭한 육아휴직 제도를 제공했다. 그때가 찰스턴의 9월 말이었는데 첫 두 주간 정신없던 시간이 지나자 10월이 찾아왔고, 우리가 ‘습지대’라 부르던 집 주변의 무더위와 습기도 서서히 가셨다.

그때 아기띠에 안긴 밀리와 함께 찍은 사진이 있는데 내가 발끝으로 서서 머핀 접시 위를 찍고 있는 것을 발견했다. 이 날은 사실 잘 기억나지 않지만, 사진을 볼때 떠오르는 건 오직 '와, 케이트! 산후 2주 만에 집에서 머핀을 만들 만큼 기분이 좋았구나'라는 점뿐이다. 나는 호르몬 잭팟을 터뜨린 기분이었고, 매일 같이 황홀경 상태에 빠져 있었던 것 같다.

특히 셋째 밀리가 태어난 지 약 3주 정도 됐을 때, 어느 날 밤 남편 네이트와 내가 쇼핑몰로 데이트를 갔던 기억이 난다. 우리는 아틀레타 매장에 들어가 산후 몸매에 맞는 바지 두 벌을 샀고, 여기저기 돌아다니다 작은 이탈리안 레스토랑에서 피자를 잔뜩 먹었다. 밀리는 작은 요람에서 천사처럼 잠들어 있었고, 사람들은 우리 테이블 앞에 멈춰 서서 그녀에 대해 묻곤 했다. 출산한 지 얼마되지 않았는데 외출을 하고 있고, 부모로서 꽤 편안해 보인다며 사람들은 놀라워했다. 아이가 한 명뿐인 것처럼 외출했는데 사실은 세 아이를 키우고 있었고, 몸에 딱 맞는 바지를 새로 샀고, 사람들은 내 육아를 칭찬했다. 상상할 수 있듯이, 이는 산후 시절 중 최고의 순간이었다. 몇 년 후 네 번째 아이가 태어났을 때도 똑같은 장면이 반복될 거라 생각했다.

안타깝게도 앨버타와의 상황은 완전히 달랐고, 병원을 떠나는 순간부터 뭔가 잘못 되었다는 걸 느낄 수 있었다. 분만실의 편안한 병실을 떠나는 것이 지나치게 불안했고, 간호사가 엘리베이터에서 차로 우리를 데려다 줄 때 조차 재입원해서 다시 위층으로 돌아오는 데 얼마나 걸릴지 물어볼 정도였다. 다리를 건너는 동안 공황이 시작됐고, 집에 돌아온 첫날 밤 매 시간 울었던 기억이 난다. 우리 아기의 생체 신호를 계속 확인해주는 모니터도 없었고, 상태를 들여다보는 간호사도 없이, 나와 이 작고 무력한 새 생명만 있을 뿐이었다. 불안감이 극에 달했는데, 정확히 왜 그런지 몰랐다. 네 번째 아이니까 이제 전문가 수준일 거라 생각했을 텐데. 어떻게 돌봐야 할지, 어떻게 수유해야 할지, 어떻게 재워야 할지, 어떤 젖꼭지를 써야 할지 알 거라 생각했는데, 오히려 첫 아이를 키우는 엄마처럼 느껴졌다. 부담감에 압도당하고 무기력한 기분이었다.

그 첫 몇 주 동안, 소중한 친구(그녀 역시 네 명의 아이를 두고 있었음)가 음식을 가져다주러 오겠다고 제안했다. 그녀는 아이들을 데리고 오지 않을 거라고 말했고, 나는 그 말을 듣고 정말 안도했던 기억이 난다. 그녀의 아이들(내 아이들과 또래여서 함께 아주 잘 놀았을 텐데)이 집에 오는 생각만 해도 완전히 지쳐버릴 것 같았기 때문이다. 그런데 바로 다음 날, 세 아이를 둔 다른 친구가 저녁을 가져오기로 했는데, 그때는 또 완전히 다른 마음가짐이었다. 그녀에게는 아이들도 데려오라고 말했다. 그녀 가족이 들른다는 생각이 기대되는 무언가, 감당할 수 있는 일처럼 느껴졌다. 24시간 만에 나는 불안하고 반사회적인 모습에서 누구나 환영하는 안주인으로 완전히 변해있었다. 외출할 때 감정도 마찬가지였다. 어떨 때는 가족 산책이나 해변 나들이가 기대되다가도, 어떤 순간에는 집밖으로 나가는 자체가 끔찍했다. 외출 계획을 세우는 내 자신을 믿을 수 없었다. 몇 시간 만에 후회하며 또 취소하고 싶어질 테니까.

그 후 몇 주 동안은 거의 숨 돌릴 틈이 없었다. 남편 네이트는 출산휴가가 없는 새 직장을 시작했기에 곧바로 복귀했고, 지인들이 도와주러 와도 나는 항상 허우적대는 기분이었다. 몸은 지치고 감정은 억눌렸으며 하루에도 열 번은 분노의 임계점에 다다랐다. 내 감정은 예측 불가능하고 굴곡진 언덕길 같았다. 아이가 울부짖을 때는 차분하고 침착하게 대처하다가도, 십 분 뒤엔 엎어진 컵 하나에 내가 먼저 울음을 터뜨리곤 했다. 너무나도 나답지 않고, 희망이 없다고 느껴졌다. 그러다가 또 엄청난 죄책감이 밀려왔다. 도대체 내가 왜 슬퍼해야 하지? 나는 방금 네 번째 건강한 아기를 낳았는데! 이 세상에는 건강한 아기 하나라도 간절히 바라는 여성들이 있는데, 내가 어떻게 그렇게 이기적으로 슬퍼할 수 있단 말인가?

산후 우울증과 불안감은 정말 다루기 어려운 괴물같다. 지나고 나서야 비로소 자신이 그 증상을 겪었다는 걸 깨닫게 되기 때문이다. 다시 기운을 차리기 전까지는 자신이 얼마나 깊은 나락에 빠져 있었는지 알 수 없다. 몇 달이 지나 뒤돌아보았을때야 나는 비로소 깨달았다. "와, 정말 끔찍했구나. 그때의 나는 내가 아니었어."

막내 앨버타를 수유하는 경험 또한 또 다른 고생이었다. 그녀를 임신하기 전, 나는 오른쪽 유방의 작은 부위를 조직 검사하기 위해 덕텍토미라는 유관절제술 수술을 받았다. 이 부위는 오른쪽 유두 주변 통증을 호소한 후 찍은 유방촬영술과 이어진 MRI에서 발견되었다. 의사는 크게 걱정하지 않았지만 확실히 하기 위해 조직 검사를 하자고 했다. 유일하게 주의해야 할 점은, 더 아이를 갖게 된다면 이 수술이 수유 능력에 영향을 줄 수 있다는 것이었다. 의사는 다른 유관이 대체 작용을 하거나 심지어 스스로 회복될 가능성도 있다고 했다. 의사가 희망적이었기에 나도 희망을 품었다. 시술은 전신 마취를 한 후 외과 의사가 유두 바로 뒤쪽의 작은 유관을 절제하는 것이었다. 회복 과정은 정말 끔찍했지만, 결국 남은 건 아주 작은 흉터뿐이었고 나는 일상으로 돌아갔다. 조직 검사 결과는 음성으로 나왔고(하나님 감사합니다! 이전 유선염 사례로 생긴 두꺼운 흉터 조직일 뿐이었다), 나는 별다른 걱정을 하지 않았다.

앨버타가 태어나자 수유는 순조롭게 시작됐지만, 일주일 만에 뭔가 잘못됐다는 걸 알았다. 집에 돌아와 모유가 나오기 시작할 때, 우리는 곧바로 오른쪽 가슴(수술을 받은 쪽)이 제대로 기능하지 않는다는 걸 알게 되었다. 6차선 고속도로인데 4개 차선이 막혀 있는 상황과 같았다. 내 오른쪽 가슴 유관乳管에서 정확히 그런 일이 일어나고 있었다. 거대한 모유 정체 현상이었고 유방염이 뒤따랐다. 그리고 약 2주 후, 오른쪽 가슴은 그냥 포기해버렸다. 내

가슴은 완전히 지쳐버렸던 것이었다. 그동안 다른 아이들을 수유했고, 수술도 견뎌내느라 그만 펑하고 죽어버린 것이다. 그나마 믿음직한 왼쪽 가슴이 그 역할을 맡았다. 그 후 두 달 동안 앨버타를 한쪽 가슴으로만 수유했다. 여성의 몸은 정말 놀랍다. 왼쪽 가슴이 그 역할을 맡아 열심히 일했으니까. 하지만 이게 나에게는 얼마나 큰 타격이었을지 상상할 수 있을 것이다. 내 가슴은 완전히 다른 크기였다. 건포도 같은 오른쪽 가슴과 물이 찬 수박 같은 왼쪽 가슴. 입는 옷마다 너무나도 불균형했고, 심지어 아마존에서 실리콘 가슴 보형물까지 사서 균형을 맞추려 했다. 두 개 세트로 판매되는 이 제품들은 분명히 섹시함을 강조하는 광고를 하고 있었고 20대 섹시한 여성을 위한 최적의 보형물로 2개 세트로 팔리던 건데, 나는 매일 그 고무로 된 가슴살을 브래지어에 끼워 넣어 오른쪽 가슴이 정상처럼 보이도록 애썼다.

한 달쯤 지나서야 이게 제대로 된 방식이 아니라는 걸 깨달았다. 내 왼쪽 가슴은 초과 근무를 하고 있었고, 실리콘 보형물들은 가슴 밑에 쌓인 땀 때문에 냄새가 나기 시작했다. 게다가 내 가슴이 영원히 완전히 다르게 보일까 봐 슬슬 걱정이 되었다. 쌍둥이 같지도 않고, 자매 같지도 않고, 마치 못생긴 유전자를 물려받은 사촌 같은 느낌이었다. 수많은 감정적 혼란 끝에, 나는 완전히 수유를 중단했고, 앨버타를 분유로 전환했다.

분명히 하자면, 분유 자체에 대한 문제는 없었다. 더 큰 실망은 내 몸이 기대했던 역할을 하지 못한다는 사실을 깨달은 것이었다. 아기가 배가 고프면 간단히 수유만 하면 된다는 꿈이 있었고, 내 몸이 신생아를 살리기 위해 완벽히 필요한 일을 해낼 거라 믿었다. 여러 차례의 유방염을 겪은 끝에 나는 마침내 분유를 받아들였다. 돌이켜보면, 수유에서 일어난 일에 대해 더 잘 준비하지 못한 게 유감이다. 외과의사는 수유 문제가 실제로 발생할 수 있다고 경고했지만, 나는 모든 게 완벽히 진행될 거라 믿고 시작했다. 내가 너무 낙관적이었는지, 아니면 내 몸의 능력을 과대평가했는지 모르겠지만, 내 생각엔 내가 실패한 거였다. 내 몸이 실패한 거였다. 이것이 앨버타의 생후 첫 3개월의 기록이었다. 미진했던 산후 불안, 유방염, 비대칭 유방, 그리고 충족되지 않은 산더미같았던 기대들.

막내 앨버타에게는 산후 시기 미안한 마음이 들었고, 지금도 가끔씩 그러하다. 셋째 밀리나 심지어 둘째 스카우트 때와 비교하며 후회한다. 그때의 나에 대한 실망이 너무 컸던 나머지, 오랫동안 다시 아기를 가져서 한 번 더 기회를 얻어 볼까 고민하기까지 했다. 나는 단지 현실을 바꿀 기회를 원했던 것이었다. 그 산후 시기를 다시 해보고 싶었다. 나의 실패한 산후 경험을 있는 그대로 받아들이고 괜찮아지는 데 꼬박 2년이 넘게 걸렸다. 내 기대는 충족되지 않았고, 계획대로 되지 않았으며, 다시 해볼 기회는 아마 이제 없을 것이다.

내 동생도 이 부분에서 실망한 적이 있다. 동생 안나는 내가 아는 사람 중 가장 강한 사람이다. 중학교 때 귀에 두 번째 구멍을 뚫고 싶어 했는데 엄마가 안 된다고 하자, 안나는 위층으로 올라가 몰래 바늘을 귀에 꽂아버렸다(그걸 보면서 내가 토할 뻔했던 게 분명하다). 안나는 항상 통증에 대한 내성이 가장 높았다. 그래서 우리는 안나에게 있어 출산은 아무것도 아닐거라고 농담하곤 했다. 변기에 앉아서 큰일을 보는 줄 알았는데 실수로 아이를 낳아버리는 그런 사람들 중 하나일 거라고 다들 말했다. 안나는 나의 네 번의 출산 중 세 번을 방에서 지켜봤다(코로나 방역 규정 때문에 네 번 다 지켜보진 못했지만). 그 모든 힘들었던 과정을 가장 가까운 자리에서 목격했음에도 불구하고, 그녀는 여전히 직접 해보고 싶어 했다.

안나는 우리 지역 출산 센터에서 약물 없이 자연 분만을 원했다. 그녀는 출산 관련 서적을 읽고, 적절한 음식을 섭취하며 진정으로 그 도전에 대비했다. 이 모든 계획은 우리 할아버지(모든 증손자가 태어날 때마다 대기실에 앉아 계셨던 분)에게 엄청난 불안감을 안겨주었다(할아버지는 모든 자손이 병원 의료진과 약품의 지원을 받을 수 있는 병원에서 태어나길 원하셨다). 예정일 한 달 전, 아기가 역위(엉덩이 먼저 나오는 태위)라는 사실을 알게 되었다. 안나는 아기를 돌리려고 모든 방법을 시도했고, 그 과정에서 성공했다. 와호! 출산 센터로 다시 돌아갈 수 있었다! 그런데 예정일이 다가온 주에 아기가 다시 뒤집어졌고, 불가피하게 제왕절개 수술이 예정되었다. 안나는 병원에서 많은 약물을 사용하고 큰 흉터가 남는 상태에서 첫 아들을 출산했다. 우리 모두 감사했지만, 출산과 그 후의 회복 과정은 그녀가 바라던 것과는 전혀 달랐다.

두 번째 아이를 임신했을 때 그녀는 자연분만VBAC을 시도하기로 결정했다. 그날 그녀는 정말 들떠 있었다. 물론 긴장도 했지만, 아기가 거꾸로 누워 있지 않아서 자연분만을 시도할 수 있다는 사실에 그저 행복해했다. 나는 하루 종일 그녀 곁에 있었고, 그녀가 몇 시간이고 진통을 겪으며 자궁 문이 완전히 열린 상태에 이르지 못하는 모습을 지켜보았다. 그녀는 너무나 고통스러워했는데, 내가 알고 있던 그런 강인한 사람과는 어울리지 않는 모습이었다. 뭔가 이상했다. 밤 11시, 25시간의 진통 끝에 당직 의사가 들어와 그녀와 아기에게 가장 안전하고 최선의 방법은 또 다른 제왕절개 수술이라고 말했다. 아기가 산도에 걸려 있었고, 안전한 자연분만을 위한 충분한 자궁경부가 이루어지지 않았기 때문이었다. 그 소식을 전해 들은 순간의 그녀의 얼굴에 스친 실망과 절망의 표정을 지금도 생생히 기억한다. 그 모습은 여전히 내 눈에 눈물을 고이게 한다. 그녀는 너무나 오랫동안 진통을 견뎌냈는데, 결과는 첫 아이 때와 똑같았다. 자정이 되자 그들은 육체적, 정신적으로 지친 그녀를 수술실로 다시 싣고가 두 번째 수술을 진행했다.

출산 후 몇 달 동안 안나는 이 문제로 고통스러워 했다. 고통스러운 복부 흉터가 계획대로 되지 않은 일들을 매일 상기시키듯 그녀를 괴롭혔다. 후에 그녀는 이에 대해 이야기하며, 자연 진통을 겪으면서 아이를 낳는 것이 항상 자신의 꿈이었다고 말했다. 그 행위를 통해 수많은 세대를 거쳐 이전 여성들과 연결될 수 있을 거라 믿었기 때문이다. 그녀가 가장 힘들어했던 감정은 분노였다. 침대에서 몸을 일으키거나 화장실을 갈 때마다 절개 부위 주변에 찌르는 듯한 통증속에서 나타난 분노, 그리고 '몸이 나를 배신했다'고 속삭이는 분노였다.

안나의 두 번째 출산 후 몇 주 동안, 나는 그녀가 얼마나 놀랍고 용감했는지 생각했던 기억이 난다. 그녀의 몸은 그녀를 배신하지 않았다. 그녀는 내가 아는 그 어떤 여성보다도 여전히 강했다. 그녀가 얼마나 놀라운 존재인지 증명하기 위해 재도전은 필요 없었다. 하지만 나는 그녀의 분노와 자신의 몸이 제대로 작동하지 않았다는 것에 대한 느낌도 공감할 수 있었다. 우리 둘 다 상처를 지니고 있었다. 그녀의 배에 난 상처와 내 가슴에 남은 흉터는 우리 몸속에서 무언가가 실패했음을 말해주는 이야기였다. 실망과 슬픔을 기억하게 하는 상처들. 나처럼, 안나의 산후 경험도 그녀가 기대했던 것과는 달랐다. 나처럼, 그녀도 아마 다시 시작할 기회는 없을 것이다.

우리 이야기는 실망으로 끝나는 수천, 아니 수백만 개의 이야기 중 일부에 불과하다. 솔직히 말해서, 우리가 원했던 경험을 하진 못했지만, 우리 둘 다 그 결과로 건강하고 행복한 아기를 얻었다. 한편으로는 우리가 전혀 불평해서는 안 될 것 같은 기분이 들기도 하다. 유산을 경험했거나 불임으로 고생하는 여성에 비하면 우리는 운이 좋은 편이니까. 그런 여성들과 비교하면 우리의 슬픔은 우습기까지 하고 잔인할 정도다. 우리의 힘든 상황도 어떤 이에게는 간절히 바라고 싶은 결과일 것이다. 안나가 자연 분만의 실패로 보는 흉터를, 다른 이는 성공적인 제왕절개 수술의 흉터로 보게 될 것이다. 나는 가슴에 흉터는 있지만 유방암은 없다.

C.S. 루이스는 『슬픔을 바라보며』에서 이렇게 썼다.

우리는 고통조차 약속받았다. 그것은 계획의 일부였다. 심지어 "슬퍼하는 자는 복이 있나니"라는 말씀도 들었고, 나는 그것을 받아들였다. 내가 예상하지 못한 것은 아무것도 없다. 물론 다른 사람에게 일어나는 일과 자신에게 실제로 일어나는 일은 다르다.[3]

마지막 문장이 가장 공감이 간다. 고통은 객관적이지 않고 극도로 개인적이고 주관적이다. 루이스가 말했듯이, 그 고통이 자신에게 일어날 때는 다르다.[4]

삶 속에서 더 깊은 감사와 만족을 배우는 여정을 걷고있는 사람으로서 '실망을 받아들이라는 것'은 여전히 그 여정과 상충되는 느낌이다. 즐거운 계획을 세웠다가 무너져도 괜찮다고 할 수 있으려면 어떻게 해야 할까? 무언가에 더 많이 마음을 쏟을수록, 일이 잘 풀리지 않을 때의 고통도 더 깊어진다. 지금도 내 딸들이 역할 놀이를 하는 모습을 보면, 한 명은 항상 엄마 역할만 한다. 커서 뭐가 되고 싶냐고 물으면 직업은 자주 바뀌지만, 대답은 항상 "그리고 엄마"로 끝난다. 아이들이 아기 인형을 안고 있는 모습을 보면, 임신과 출산이 그들에게 당연히 주어지는 일이 아니라는 걸 안다. 건강한 아기를 낳는 것도, 산후 정신적 안정을 느끼는 것도 보장된 일이 아니다. 사랑을 찾고 결혼하는 것조차 보장된 일이 아니다. 그들의 기대가 현실을 덮어버릴 수도 있다는 사실을 생각하면, 마음 한 켠이 저릿해진다.

때로는 가장 예상치 못한 곳에서 기대가 어긋나는 것을 발견하기도 한다. 나의 아이들에게 디즈니랜드는 지구상 가장 마법 같은 장소였다. 아이들에게 세상에서 가장 가고 싶은 곳이 어디냐고 물었다면, 그들은 단연 디즈니랜드라고 답했을 것이다. 한 번도 가본 적 없고 사진조차 제대로 본 적이 없어 그곳이 어떤 곳인지 제대로 알지 못했지만, 그들에게 늘 가고 싶어 했던 곳은 바로 그곳이었다. 그래서 몇 년이 지난 후, 네이트와 나는 그 꿈을 이루어 주기로 했다. 우리는 크리스마스 아침에 카운트다운 달력과 함께 여행 계획을 선물로 주었다. 매일 아이들 중 한 명이 달력 한 장을 뜯어내며, 미키 마우스와 그곳에서 펼쳐질 모든 재미와 흥분을 향해 한 걸음씩 더 가까워지고 있음을 느꼈다. 마침내 2월, 우리는 차에 짐을 싣고 반짝이는 올랜도 입구까지 6시간을 달려갔다.

그리고 공원 도착 첫날, 아이들은 그다지 좋아하지 않았다. 싫어했다는 건 아니지만 줄이 길고 공원이 너무 붐볐기 때문이다. 한 시간이나 기다려서 재미있는 놀이기구를 겨우 3~4분 동안 타고, 다시 타려면 또 몇 시간 기다려야 한다는 걸 깨닫곤 했다. 아이들은 과도한 분위기에 지쳐 몇 시간 후 호텔 수영장으로 돌아가자고 조르기 시작했다. 화려함과 매력이 넘치는 디즈니랜드는 기대에 미치지 못했다. 지구상 가장 마법 같은 장소는 그리 마법 같지 않았다.

이건 정말 받아들이기 힘든 일이었다. 우리가 엄청난 계획을 세웠고 많은 돈을 썼기 때문이다. 디즈니 앱을 다운로드하고 패스트패스 시스템에 추가 비용까지 지불했다. 이 여행을 위해 신경 쓴 세부 사항이 정말 많았다. 하지만 솔직히 말하면 아이들을 탓할 수는 없었다. 디즈니랜드 역시 내 기대에 미치지 못했기 때문이다.

그리고 마지막으로 쐐기를 박는 사건이 있었다. 우리는 집으로 빨리 돌아가려고 일찍 짐을 싸야 할 정도로 심한 위장염에 걸려 여행을 마쳤다. 셋째 밀리가 멕시코 구역에서 구토하기 시작했고, 이어 남편 네이트의 계부가 배탈이 나서 호텔 방으로 급히 돌아갔으며, 둘째 스카우트가 프랑스 산책로에서 점심을 토해내는 일이 이어졌다. 네이트 계부가 (옆방에서) 다섯 번이나 토하는 소리를 들었을 무렵, 나는 네이트를 바라보며 "여기서 나가야 할 것 같아. 우리 모두를 위한 화장실이 충분하지 않아."라고 말했다. 아이들(그중 두 명은 이미 심하게 아팠음)에게 짐을 싸서 여행을 일찍 끝내자고 말하는 건 정말 끔찍한 일이었다. 아이들의 절망감이 느껴질 정도였다. 하지만 그 아이들이 꿈꾸고 손꼽아 기다렸던 그 여행은 그렇게 일찍 끝나고 말았다.

완전 실패한 기분이었다. 완벽한 가족 여행이 되길 바랐는데, 결국 차에 짐을 싣고 떠나야 했다. 그렇게 꼼꼼히 준비한 옷과 짐들을 아무렇게나 가방에 쑤셔 넣으며 길을 나서야 했다. 집으로 돌아오는 길 30분 만에 첫째 존 로버트가 또 구토하기 시작했고, 한 시간 뒤엔 내 차례였다. 친구들에게 대문자로 문자를 보냈던 게 기억난다. "제발 남편 네이트가 토하지 않도록 기도해 줘. 그래야 우리가 집에 갈 수 있어." 기적처럼 우리는 집에 도착했고, 아이들은 각자 기진맥진한 몸으로 침대에 쓰러져 잠들었다.

며칠이 지나서야 디즈니랜드 여행이 아이들(그리고 나)에게 절실히 필요한 인생 교훈이었다는 걸 깨달았다. 모든 일이 항상 계획대로 흘러가지는 않을 것이다. 그들이 바랐던 것들이 갑작스럽게 중단되거나 취소될 수도 있다. 기대했던 것들이 기대에 미치지 못할 수도 있다. 부모로서의 내 역할은 아이들이 인생에서 최대한의 재미를 누리도록 돕는 것이 아니라 그들이 마주할 모든 실망을 잘 헤쳐 나가도록 돕는 것임을 깨닫기 시작했다. 나는 아이들에게 내가 간신히 유지하고 있는 바로 그 긴장감을 품도록 가르쳐야 한다. 삶을 즐기되 고난을 기대하라.

인생은 디즈니랜드 여행과 조금 비슷하다. 반짝이고 재미있는 부분이 많지만, 동시에 약간 붐비고 더러운 면도 있다. 하고 싶은 것들이 있지만 줄이 길다. 모든 것에는 비용이 들고, 하루가 끝나면 모두 제법 지친다. 지구상에서 가장 행복한 곳으로 불리는 디즈니랜드조차도 우리를 만족시키지 못했다. 최상의 계획을 세우고 모든 필요한 물건을 챙겨도 여전히 힘든 여행이 될 수 있다.

아이들이 슬퍼할 때, 내가 원하는 건 그 아픔의 모든 원인을 없애주는 것뿐이다. 고통을 없애주고, 아이들을 다시 행복의 자리로 돌려보내고 싶다. 아이들이 어릴 때는 이게 꽤 쉬웠다. 대부분의 문제는 봉제인형이나 우유가 담긴 컵 하나로 해결될 수 있었다. 안타깝게도 아이들이 자라면서, 실망을 안겨주는 일들은 나의 통제 범위를 벗어난다는 걸 깨닫고 있다. 농구팀에서 탈락하거나 학교에서 괴롭힘을 당하는 건 내가 즉각 해결할 수 있는 문제가 아니었다. 아이들은 아직 어리지만, 인생이 항상 쉽지만은 않다는 가혹한 현실을 이미 배우고 있었다.

하지만 어떻게 아이들에게 삶을 사랑하도록 가르치면서 동시에 실망을 기대하도록 할 수 있을까? 디즈니랜드에 흥분하면서도, 혹시 모를 때를 위해 토사물 봉투를 챙기는 것처럼 말이다. 우리 모두가 변화무쌍한 세상에서 완전한 냉소주의자가 되지 않으면서 실질적으로 어떻게 잘 살 수 있을까?

여러분에게 좋은 답을 줄 수 있으면 좋겠지만, 솔직히 말해서 나도 잘 모르겠다. 땅 위의 시간이 영원에 비해 작다는 걸 떠올리면, 실망들이 훨씬 견딜 만하게 느껴질 것이다. 게다가 내가 개인적으로 실망을 겪을수록, 다른 사람들이 힘든 시간을 겪을 때 훨씬 더 공감하게 된다는 것을 느낀다.

막내 앨버트의 수면 문제만큼 그 말이 더 진실하게 다가올 때가 없다. 내가 사랑하는 게 한 가지가 있다면 그것은 수면이다. 오후 9시 전에 나를 침대에 눕히면, 기뻐서 이불 속으로 거의 비명을 지르며 들어갈 정도다. 늦잠을 자진 않지만, 일찍 자고 상쾌하게 일어나는 걸 사랑한다. 나에게 9시간 푹 잠을 잔 후 오전 6시에 일어나는 것보다 더 좋은 느낌은 없다. 대부분의 엄마라면 그들의 상위 세 가지 소망 중 하나가 꿀잠이라고 말할 것이다. 이것은 놀랍지 않은 일이다. 왜냐하면 수면을 앗아가는 게 있다면 그것은 아이들이기 때문이다. 이제 아이들이 생긴 후에야 군대가 수면 부족을 고문 전술로 사용하는 이유를 이해하게 됐다.

처음에 우리 세 아이들은 꽤 놀라운 잠꾸러기들이었다. 우리는 육아서에서 말한 대로 첫째 아이 존 로버트를 수면 훈련시켰고, 그 과정이 나를 신경질적으로 만들든 간에, 그는 순종적인 장남답게 천천히 그리고 확실히 엄마의 엄격한 스케줄에 따랐다. 먹고, 깨고, 자고. 먹고, 깨고, 자고. 착한 작은 군인처럼.

둘째 스카우트는 '역대 최고의 아기'라는 별명을 가졌는데, 솔직히 말해서 정말 그랬다. 정말 손이 안 갔다! 어디서든 잘 잤고, 어디서든 낮잠을 잤다. 캐리어에 넣든 아기 침대에 눕히든, 불을 켜 놓든 꺼 놓든 상관없었다. 그 아이 덕분에 두 아이를 키우는 게 전혀 어렵지 않았다, 정말 손이 안 갔으니까. 셋째 밀리는 소위 두 번째 스카우트였다. 유일한 차이점은 언니보다 실제로 더 오래 잤다는 거다. 우리는 밀리가 아침잠을 버린 게 아니라 흡수해 버렸다고 농담하곤 했다. 대부분 저녁 7시부터 아침 10시까지 잠을 잤기 때문이다. 아침에 할 일이 있으면, 말 그대로 밀리를 15시간 잠에서 깨워서 데려가야 했다. 정말 놀라웠다.

이쯤 되면, 상상하겠지만, 나는 내가 세상에서 가장 완벽한 엄마라고 생각했다. 내 아이들은 예상대로 잠들었고, 예상대로 낮잠도 잤다. 인공 젖꼭지에 의지하지도 않았다. 그들의 놀라운 엄마인 내가 그렇게 훈련시켰기 때문에 아이들은 잘 해냈다.

그러다 막내 앨버타가 태어났다. 그 사랑스러운 넷째 아이는 이미 내 산후 회복을 망쳐놓은 데 이어, 다시 한 번 나를 무릎 꿇게 만들었다. 태어난 첫날부터 그 아이는 형제들보다 더 까다로워서, 나는 어떻게 해야 할지 전혀 감이 잡히지 않았다. 나는 너무 지쳤다. 아이는 매일 울었다. 첫 세 아이에게 통했던 황금 같은 지혜도 이 고집 센 넷째에게는 통하지 않았다. 내가 자고 싶을 때 일부러

　　　　　　　　　　　　저스트 위시 JUST WISH

소음기기를 틀고, 방을 어둡게 하고, 인공 젖꼭지를 줘도 그 아이는 잠들고 싶어 하지 않았다.

앨버타를 출산하기 전까진, 아기를 재우느라 애쓰는 사람들을 은근히 얕잡아 봤던 것 같다. 그들이 노력하지 않는다고 생각한 건 아니지만, 제대로 된 방법을 쓰지 않는다는 생각이 들었었다. 내가 했던 방법만 쓰면 아기가 잘 잤을 텐데 하면서 말이다. 그런데 내가 항상 해오던 것들, 내가 자랑스러워하던 그 방법들조차 정작 내 아기를 재우지 못했다. 대부분의 날은 잠을 못 자고 절망적인 상태로, 보채는 아기를 안고 소파에서 울었다. 도움이 필요했다. 나는 엄마들의 아기 수면을 돕는 일을 하는 친구 애비에게 연락해 해결책을 찾았다.

아이를 재우려고 도움을 청해야 했던 건 젊은 엄마로서 겪은 가장 굴욕적인 일 중 하나였다. 앞서 말했듯이, 나는 스스로를 프로라고 여겼다. 하지만 앨버타가 다른 아이들에게 효과 있었던 방법에 반응하지 않자, 어쩌면 내가 모성에 그다지 능하지 않을지도 모른다는 느낌이 들었고, 이 자신감 하락은 내 육아를 다른 영역들로까지 번지게 만들었다. 아기 띠를 안고 행복하게 있는 아기 엄마를 보았지만 앨버타는 그 안에 넣을 때마다 소리쳤고, 시끄러운 커피숍에서 유모차에 아기를 재우는 엄마를 보았지만 나는 소음기를 켜고 어두운 방에서도 앨버타를 재우기 어려웠다. 이미 수유에서 실패했는데 이제 아기 재우는 것조차 못 하게 됐다. 완전히 최악이었고, 부모로서 능력 자체의 상실감을 느꼈다.

그 과정에서 깨달은 것은 내 능력에 대한 자만이 훨씬 더 너그러운 무언가로 대체됐다는 것이다. 겸손. 겸손은 자만의 반대다. 자만에 사로잡혀 있으면 겸손이 주는 자유를 경험할 수 없다. 겸손은, 모든 답을 가지는 것은 불가능하다는 걸 깨닫게 하고, 도움을 청할 자유를 준다. 또 하나는 내 스스로의 자만이 공감력을 얼마나 막아왔는 지였다. 자신을 대단하다고 생각하면, 고군분투하는 사람을 보고 공감하기 어렵다. 실제로 내가 아기를 재우는 능력이 없다는 걸 깨달은 순간, 갑자기 같은 처지의 사람들에게 깊은 이해가 생겼다. "그들은 제대로 하지 않는 거야"라는 생각이 "그들은 생각할 수 있는 모든 걸 시도했는데 안 되는 거겠지"로 바뀌었다. 나는 그들의 실망에 공감할 수 있었다.

나의 실망들이 앨버타가 잠꾸러기였다면 가지지 못했을 타인에 대한 너그러움으로 나를 이끌었다. 슈퍼마켓에서 소리 지르는 아이와 함께 있는 엄마에게 공감할 수 있다. 나 자신도 분노 폭발을 겪어봤기 때문이다. 우울증에 시달리는 사람에게 공감할 수 있다. 자신도 그 절망적인 손아귀를 느껴봤기 때문이다. 겸손은 우리를 너그럽게 한다. 그것은 이해를 필요로 하는 사람을 감싸줄 준비가 된 따뜻한 담요와 같다.

실망감으로부터 나를 보호하고 싶고 아이들을 지키고 싶지만, 이제 그런 실망감이 보편적인 완화제 역할이 될 수 있다는 걸 알게 되었다. 교통 체증이나 아이의 수면 같은 사소한 고난조차 우리 모두를 묶는 접착제가 될 수 있다. 이것은 삶이 완벽하고 행복해야 한다는 나의 기대를 부드럽게 내려놓게 하는 촉매제이다. 다른 이들도 같은 고통을 겪고 있음을 깨닫고 그들에게 친절해지도록 말이다. 삶에 있어서 실망이란 것을 허용할수록, 일이 잘 풀릴 때의 기쁨은 훨씬 더 커진다. 역설적이게도, 실망은 삶에 대한 나의 감사를 깊게 하고 타인에 대한 공감도 함께 자라게 한다.

> **사고 방식 변화** 고통을 받아들이는 태도는 일이 순조로울 때 그 순간들에 대해 더 깊은 감사함을 느끼게 해준다. 또한 타인도 어려움을 겪고 있을 거라는 깨달음으로 인해 나를 너그럽게 만들며 타인에게 친절을 베풀게 한다.

실천 단계

1. C.S. 루이스의 서두 인용문을 다시 읽어보세요. 당신의 삶에서 힘들게 느껴지지만 실제로 훈련과 교정의 기회가 될 수 있는 영역은 무엇일까요?

2. 우리는 세상에 좋은 영향을 주려고 하지만 일이 나쁘게 흘러가도 놀랍지 않습니다. 당신이 실망했던 그 영역에서 다른 이가 더 큰 기쁨을 느낄 수 있도록 도울 수 있는 부분은 없을까요? 저의 경우 힘든 산후 기간을 겪는 다른 엄마들에게 제가 항상 눈을 뜨고 있기를 원합니다. 그들을 돕는 과정에서 제 자신의 산후 상처까지 치유되는 이득을 얻기도 합니다. 힘든 시기를 겪고 있는 누군가의 삶을 더

나아지게 할 수 있는 방법이 있을까요?

3. 힘든 시기를 겪고 있다면, 주변 사람들에게 그 사실을 털어놓았나요? 친구에게 도움을 청할 수 있는 구체적인 방법을 하나 생각해 볼 수 있나요?

4. 번영의 시기를 보내고 있다면, 주변에 도움을 줄 수 있는 사람이 몇 명 있을까요? 구체적이고 실질적인 행동 한 가지를 생각해 보세요(예: 식사 가져다주기, 카풀 픽업 해주기, 세탁물 한 바구니 가져가서 빨래해 돌려주기). 그리고 이번 주에 친구에게 문자로 그 도움을 제안해 보세요.

5. 가족으로서 마주하는 실망스러운 순간들을 아이들에게 가르침의 기회로 삼으세요. 이는 기대 관리의 모범을 보일 수 있는 매우 유용한 방법이며, 크든 작든 계획대로 되지 않을 때 적용할 수 있는 삶의 교훈입니다. 솔직히 말해서, 디즈니랜드에서 벌어진 구토 대란 이후로 저는 이걸 전혀 잘하지 못했습니다. 하지만 가까운 미래에 또 다른 기회가 있을 거라고 장담할 수 있습니다.

| JUST WISH |

여러분이
사랑하는 삶이란

가죽 말은 다른 장난감들보다 훨씬 오래 아이 방에서 살아왔다. 너무 낡아서 갈색 털가죽은 군데군데 벗겨져 그 아래 솔기가 드러났고, 꼬리에 달린 털은 구슬 목걸이를 꿰는 데 쓰이느라 대부분 뽑혀 있었다. 하지만, 그는 현명했다. 오랜 세월 동안 수많은 태엽 장난감들이 뻐기고 거들먹거리다가 결국 태엽이 끊어져 사라지는 것을 지켜봐 왔기 때문이다. 그는 그것들이 그저 장난감일 뿐이며, 결코 다른 무엇이 될 수 없다는 것을 알고 있었다. 아이 방의 마법은 참으로 신비롭고 경이로운 것이어서, 가죽 말처럼 오래되고 지혜롭고 많은 것을 겪은 장난감만이 그 마법의 이치를 온전히 이해할 수 있었다.

"진짜가 된다는 건 네가 어떻게 만들어졌느냐의 문제가 아니야." 가죽 말이 말했다.

"그건 네게 일어나는 어떤 일이야. 아이가 너를 오랫동안, 그냥 갖고 노는 게 아니라 진심으로 사랑할 때, 그때 비로소 너는 진짜가 되는 거야."

"아픈 건가요?" 토끼가 물었다.

"가끔은." 가죽 말이 말했다. 그는 언제나 솔직했다. "하지만 진짜가 되면 아픔 따위는 상관없어지지."

"그게 한꺼번에 일어나나요?" 토끼가 물었다. "태엽 감기처럼? 아니면 조금씩요?"

"한꺼번에 일어나는 게 아니야." 가죽 말이 말했다. "조금씩 되어가는 거야. 시간이 오래 걸려. 그래서 쉽게 부서지거나, 날카로운 모서리가 있거나, 조심조심 다뤄져야 하는 것들에게는 좀처럼 일어나지 않지. 보통 진짜가 될 즈음에는 털이 사랑으로 다 닳아버리고, 눈이 빠지고, 관절이 헐거워지고, 몹시 낡아 보이게 돼. 하지만 그런 건 전혀 중요하지 않아. 왜냐하면 일단 진짜가 되면 추해지는 법이 없으니까, 이해하지 못하는 사람들 눈에는 몰라도."

— 마저리 윌리엄스, 『벨벳 토끼』

몇 년 전, 스카우트의 특정 사진을 찾다가 일종의 깨달음을 얻었다. 우리는 오래된 가전제품과 완전히 노랗게 바랜 타일로 된 욕실이 있는 임대 주택에서 살던 시기의 사진들을 스크롤하고 있었다.

귀까지 걸릴 정도로 환하게 웃는 유아기 첫째 존 로버트의 사진을 꺼냈는데 버터색 타일이 배경이었고 아이가 머리에 거품 더미를 이고 있었다. 또 다른 사진은 임신 9개월이 된 내가 그 욕실에서 거품 목욕탕에 누워 녹색 스무디를 마시는 모습이었다. 그 집에 욕조가 하나뿐이었던 기억이 나는데, 나는 매일 밤 아픈 등을 담그기 위해 그 안에서 유아용 장난감들을 모두 꺼내곤 했다. 우리는 스카우트를 그 집으로 데려왔고, 친구들이 물려준 낡은 갈색 소파(맞다, 픽업트럭에서 떨어지지 않도록 덕트 테이프로 붙인 등받이가 달린 바로 그 소파)에서 남편 네이트와 함께 낮잠 자는 그녀의 사진을 포함해서 수없이 많은 사진을 찍었다. 오래된 전기 스토브와 평범한 오븐이 달린 오래된 전기 스토브탑에서 내가 요리한 음식 사진들, 그리고 의자와 어울리지 않는 식탁 주위에 친구들이 빽빽이 앉은 사진들이었다.

사진을 한 장 한 장 넘겨보니, 무엇보다 사람들의 모습이 눈에 들어왔다. 그 오래된 집들에서 난 아마도 럭셔리한 조리대나 나만의 욕실을 바랐었을 런지 모른다. 하지만 지금 생각해보면 그런 세부사항들은 흐려진다. 남는 건 사람들과의 추억, 각 계절의 풍요로움뿐이다. 이 사진들은 명확한 회상의 순간을 준다. 내 삶을 사진 시리즈로 생각하면, 앞으로 무엇이 가장 소중할까 궁금해진다. 사진 속 함께할 사람들, 우리가 있는 곳, 하는 일들. 사진 속 내 외모나 옷차림, 타는 차가 사람들만큼 무게를 차지하지 않기를 빈다.

이 책의 제목을 처음 정했을 때 부제는 "나를 행복하게 해줄 거라 믿었던 거짓말들"이었다. 완성한 후에야 돌아가 현재 시제로 바꿨다. 글을 쓰면서 깨달은 건, 여기에 담긴 많은 내용이 내 머릿속에서 진행 중인 이야기라는 점이었다. 자주 곱씹지만 아직 완전히 이해하지 못한 생각과 이상들 말이다.

'여러분의 삶을 사랑하는 법'에 관한 책을 쓴다는 것 자체가 참으로 아이러니한 일이다. 어느 정도는 사기꾼 같은 기분이 든다. 서른다섯 살이 된 지금도 내가 쓴 내용의 상당 부분을 여전히 헤매고 있으니까. 글을 쓰는 이 순간에도 여전히 그 한가운데에 처해있어서 그런지도 모르겠다. 시간이 지나도 내 경험 속에 지혜라는 색을 입히지 못했다. 나는 여전히 내가 어떤 게임을 하고 있는지 헤매고 있다. 거울에 비친 내 모습을 너무 오래 바라보지 않으려 애쓰고, 나이 들어가는 내 몸에 부끄러움을 느끼지 않으려 싸운다. 나는 여전히 내 돈과 내 하루를 어떻게 쓸지 고민 중이다.

이 책이 여러분의 '단지 바랄 뿐인…' 생각들에 어느 정도 명확함과 자유를 가져다주었기를 바란다. 여러분이 통제할 수 없는 영역에서 모든 일이 선한 방향으로 흘러가리라 그냥 바라보며 통제하고자 하는 마음을 더 잘 내려놓을 수 있기를 바란다. 여러분이 서른다섯이든 육십다섯이든, 지금 이 순간에도 여러분을 위한 기쁨과 선함이 가득하다. 그저 바라기만 했었던 과거의 날들을 걱정할 필요는 없다. 풍성한 은혜는 지금 이 순간에도, 그리고 여러분이 고군분투하는 날들에도 넘쳐흐른다(우리 모두 그런 날들이 있으니까). 무엇보다도 글을 쓸 기회를 얻은 것에 감사함을 느낀다. 이 과정으로 인해 조용히 앉아서 내게 중요한 것이 무엇인지 되돌아보게 했기 때문이다. 완벽하지는 않지만, 나는 이제 누구의 게임에 참여하고 있고 누구의 게임에는 참여하지 않아야 하는지 훨씬 더 명확히 알게 되었다. 나는 내가 가진 우정에 더 확신을 가지게 되었고, 내 아이들이 내 삶과 가치관을 바라볼 때 무엇을 보길 원하는지에 대해 더 확고해졌다. 나는 내 마음속 점수표를 가슴 깊이 간직한다.

이것은 우리의 단 한 번뿐인 삶이다. 그래서 우리가 깨닫는 것보다 훨씬 더 많은 힘을 가지고 이 삶을 즐길 수 있다고 믿는다. 특정 장이 공감을 불러일으켰다면, 돌아가서 마지막에 제시된 실천적 단계와 질문들을 꼼꼼히 살펴보길 바란다. 한 달 동안 거울을 안 보이게 돌려놓거나, 소셜 미디어를 잠시 끊거나, 믿을 수 있는 친구와 커피를 마실 약속을 잡는 것이 필요할 수도 있다. 삶을 살아가는 방식에는 작은 변화들이 중요하다. 여러분이 만들어낸 습관과 일과들은 가드레일처럼 작용해 진짜 중요한 것에 시선을 고정시켜준다. 그리고 그 구체적 삶속에서 살아가다 보면 만족감이 피어나는 걸 발견할 수 있다. 옷이 당신을 정의하지 않는다는 걸 깨달으면 온라인 장바구니를 버릴 수 있고, 남편도 당신처럼 약점과 강점이 있는 온전한 사람임을 기억하면 더 사랑할 수 있다. 또한 행복이 제로섬 게임이 아님을 알면 친구들의 성공을 진심으로 기뻐할 수 있다.

이 책을 쓰던 중 친구 케이틀린과 이 11장의 서두 인용구에 대해 의견을 나눴다. 본질적으로, 가죽 말은 벨벳 토끼에게 진짜가 된다는 게 무슨 뜻인지 설명한다. 진짜가 되는 건 아주 오랫동안 사랑받을 때 일어난다. 이것은 마음이 약한 사람에겐 어울리지 않는 느린 과정이다. 지나치게 섬세해서도 안 된다. 때로는 아프고 상처를 남기기도 한다. 가죽 말은 낡아 벗겨진 부분과 빠진 털이 있지만, 신경 쓰지 않는다. "진짜가 되면 못생길 수 없으니까. 이해하지 못하는 사람들에게만 예외일 뿐이야."[1]

나는 가죽 말과 같은 삶을 원한다. 사랑받기에 진실된 삶, 낡았지만 잘 살아낸 아름다운 삶, 내가 사랑할수록 더욱 생생해지는 삶, 너무나 진실 되어 추할 수 없는 삶 말이다.

자칫 오해하기 쉽지만, 이건 힘든 과정이다. 내가 등반에 비유한 데는 이유가 있다. 하지만 가치 있는 일이다. 노력 자체에 깊은 만족을 주는 일이기도 하다. 그리고 나는 전적으로 믿는다. 매일, 매 순간 당신 삶에서 가장 중요한 것을 붙잡고 매달릴수록, 당신의 손아귀 힘은 더 강해질 것이고 가장 오르기 힘든 구간이 어디인지 깨닫게 될 것이며 그 어려움을 헤쳐 나가는 실질적인 방법을 점점 더 잘 터득하게 될 것이다. 결국, 고개를 숙여 멀리 아래를 내려다보며 그저 바라기만 했었던 지난 날들을 보게 될 테지만, 그것들은 먼 기억처럼 느껴질 것이다. 당신은 자신이 얼마나 멀리 올라왔는지 되돌아보고, 쉴 곳을 찾아, 바로 눈앞에 펼쳐진 삶의 영광스러운 풍경을 만끽할 것이다.

서문

1　1914년, Dr. Frank Crane이 Syracuse Herald에 한 기사를 썼다. 그 안에서 그는 이 인용구를 Abraham Lincoln의 말이라고 전했으나, 다른 출처로는 확인되지 않았다.

| Chapter **1** | 단지 좀 더 큰 주방이 있었으면

1　Myquillyn Smith, 『아늑한 미니멀리스트의 집: 더 많은 스타일, 더 적은 물건』(Zondervan, 2018), 80쪽.

| Chapter **2** | **단지 내가 좀 더 나은 엄마였으면**

1   Dr. Becky Kennedy, PhD (@drbeckyatgoodinside), Instagram, 2023
년 6월 4일, https://www. instagram. com/reel/CtFXvS5ACSm/?utm_
source=ig_web_copy_link&igsh=MzRlODBiNWFlZA==.

| Chapter **3** | **단지 좀 더 나은 남편이 있었으면**

1   Good Will Hunting, directed by Gus Van Sant, written by Matt Damon
and Ben Affleck, (1997; Miramax, 1998), DVD.

2   Good Will Hunting, Van Sant, DVD.

3   Timothy Keller with Kathy Keller,『결혼의 의미: 하나님의 지혜로 배우
는 헌신의 복잡함과 아름다움』(Penguin Books, 2011), 101쪽.

4   "Define romance," Google Search, accessed July 17, 2024, https://
www. google. com/search?q=define+romance.

5   C.S. Lewis,『사랑의 네 가지 형태』(Harcourt Brace Jovanovich, 1991),
65쪽.『사랑의 네 가지 형태』C.S. Lewis 저, 저작권 ©1960 C.S. Lewis
Pte. Ltd. 발췌 인용 허가.

6   C.S. Lewis,『사랑의 네 가지 형태』(Harcourt Brace Jovanovich, 1991),
65쪽.『사랑의 네 가지 형태』C.S. Lewis 저, 저작권 ©1960 C.S. Lewis
Pte. Ltd. 발췌 인용 허가.

7   C.S. Lewis,『사랑의 네 가지 형태』(Harcourt Brace Jovanovich, 1991),
65쪽.『사랑의 네 가지 형태』C.S. Lewis 저, 저작권 ©1960 C.S. Lewis
Pte. Ltd. 발췌 인용 허가.

| Chapter **4** | **단지 친구가 좀 더 많았으면**

1   Shauna Niequist,『쓴맛과 단맛: 변화, 은혜, 그리고 고통을 통해 배우는
삶의 이야기』(Zondervan, 2010), 79쪽.

| Chapter 5 | 단지 좀 더 예뻐졌으면

1   Rick Warren, 『목적이 이끄는 삶: 내가 이 땅에 존재하는 이유는 무엇인가?』개정·확대판 (Zondervan, 2012), 149쪽.

2   "Define vain," Google Search, 2024년 7월 15일 접속, https://www.google.com/search?q=define+vain.

3   Friends, 시즌 4, 에피소드 4, "The One with the Ballroom Dancing," David Crane, Marta Kauffman, Andrew Reich, Ted Cohen 극본, Gail Mancuso 연출, 1997년 10월 16일 방영.

4   Jane Fonda, "Julia Gets Wise with Jane Fonda," Julia Louis-Dreyfus 인터뷰, Wiser Than Me 오디오 팟캐스트, 2023년 4월 11일, https://open.spotify.com/episode/3Lhq0WfFyOGa1O5w8MxRzb.

5   Sally Field, "Julia Gets Wise with Sally Field," Julia Louis-Dreyfus 인터뷰, Wiser Than Me 오디오 팟캐스트, 2024년 3월 27일, https://open.spotify.com/episode/1tY1EmZmXCUhYjqwCy7ECo.

| Chapter 6 | 단지 돈이 좀 더 많았으면

1   Nassim Nicholas Taleb, 『우연에 속지 마라: 인생과 시장에서 운이 행하는 숨은 역할』제2판 (Random House, 2004), 139-143쪽.

2   "A Great Help to Pa," Keeping up with the Joneses, Arthur Ragland "Pop" Momand 그림 (Cupples & Leon Co., 1920), https://archive.org/details/bub_gb_6QoNAAAAYAAJ/page/n19/mode/2up?q=great+help.

3   Morgan Housel, 『돈의 심리학: 부, 탐욕, 행복에 대한 시대를 초월한 교훈』(Harriman House, 2020), 106쪽.

4   Housel, 『돈의 심리학』, 41쪽.

5   Shauna Niequist, 『음미하기: 지금 있는 자리에서 충만하게 살아가기』(Zondervan, 2015), 15쪽.

| Chapter **7** | **단지 시간이 좀 더 많았으면**

1   Annie Dillard, 『글쓰기의 삶』(Harper Perennial, 2013), 32쪽.

2   Mary Oliver, "The Summer Day," 수록 작품 『새롭고 선정된 시집 1권』 (Beacon Press, 1992), 94쪽. "The Summer Day" by Mary Oliver는 The Charlotte Sheedy Literary Agency(저자를 대리) 허락하에 재수록. Bill Reichblum의 허락으로 © 1990, 2006, 2008, 2017 Mary Oliver 저작권 소유.

3   Peter F. Drucker, "Managing for Business Effectiveness," Harvard Business Review, 1963년 5월, https://hbr.org/1963/05/managing-for-business-effectiveness.

| Chapter **8** | **단지 내가 통제권이 있었으면**

1   National Lampoon's Van Wilder, directed by Walt Becker, written by Brent Goldberg and David Wagner (Artisan Entertainment, 2002), DVD.

2   Annie Duke, "Episode 885," interview by Steve Pomeranz, Steve Pomeranz Show 오디오 팟캐스트, 2018년 8월 15일, https://stevepomeranz.com/full-show/episode-885/#1491939506885-c75ae4b7-d2777ebb-168340a9-b26649df-bc25.

| Chapter **9** | **단지 내 삶이 그녀의 삶처럼 보였으면**

1   Barbie, directed by Greta Gerwig, written by Greta Gerwig and Noah Baumbach (Warner Bros. Pictures, 2023), DVD.

2   Barbie, Gerwig, DVD.

3   Barbie, Gerwig, DVD.

4   James Clear, "#348—Why Habits Don't Demand Perfection with James

Clear," interview by Kendra Adachi, The Lazy Genius 오디오 팟캐스트, 2024년 1월 8일, https://www.thelazygeniuscollective.com/lazy/jamesclear.

5   Warren Buffett as told to Alice Schroeder,『스노볼: 워런 버핏과 인생 경영』(Bloomsbury Publishing, 2008), 32쪽.

6   Matthew McConaughey, "Matthew McConaughey On Winning the Role of Life," interview by Ryan Holiday, The Daily Stoic 오디오 팟캐스트, 2020년 11월 14일, https://dailystoic.com/mcconaughey/.

7   Barbie, Gerwig, DVD.

8   David Brooks,『인간의 품격: 진정한 나를 완성하는 내면의 힘』(Random House, 2015), xi쪽.

| Chapter 10 | 단지 그 일이 잘 되었었더라면

1   C.S. Lewis,『피고석의 하나님』(William B. Eerdmans Publishing Company, 1970), 52쪽.『피고석의 하나님』C.S. Lewis 저, 저작권 ©1970 C.S. Lewis Pte. Ltd. 발췌 인용 허가.

2   Randy Carlson, 진행, Intentional Living 오디오 팟캐스트, "Managing Your Expectations," Intentional Life Media, 2024년 4월 16일, https://theintentionallife.com/broadcasts/managing-your-expectations/.

3   C.S. Lewis,『헤아려 본 슬픔』(United Kingdom: HarperCollins, 2001), 36-37쪽.『헤아려 본 슬픔』C.S. Lewis 저, 저작권 ©1961 C.S. Lewis Pte. Ltd. 발췌 인용 허가.

4   C.S. Lewis,『헤아려 본 슬픔』(United Kingdom: HarperCollins, 2001), 36-37쪽.『헤아려 본 슬픔』C.S. Lewis 저, 저작권 ©1961 C.S. Lewis Pte. Ltd. 발췌 인용 허가.

| Chapter **11** | **여러분이 사랑하는 삶이란**

1   Margery Williams, 『벨벳토끼: 장난감이 진짜가 되는 방법』(1922; 재간,
     Doubleday, 1991), 8쪽.

감사의 말

1   Anne Lamott, 『새 한 마리씩: 글쓰기와 삶에 대한 지침서』(Anchor
     Books, 1995), 19쪽.

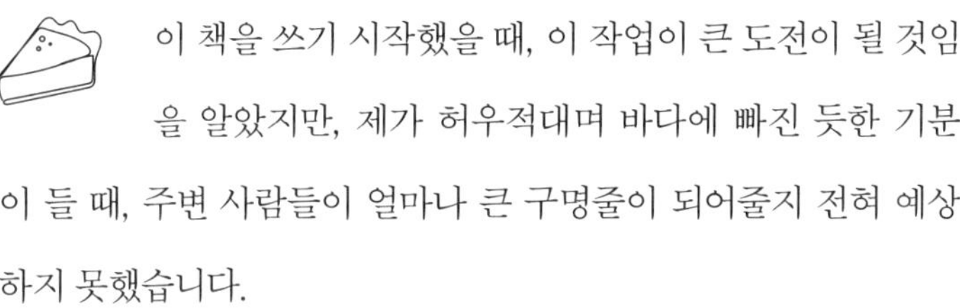이 책을 쓰기 시작했을 때, 이 작업이 큰 도전이 될 것임을 알았지만, 제가 허우적대며 바다에 빠진 듯한 기분이 들 때, 주변 사람들이 얼마나 큰 구명줄이 되어줄지 전혀 예상하지 못했습니다.

편집자 제니, 그리고 허리케인 전날 찰스턴까지 날아와 제 책의 방향이 탄탄해질 때까지 함께해 준 앤디에게 감사드립니다. 첫 만남부터 제니는 저를 방치하지 않겠다고 말했고, 그 약속을 지켜주었습니다. 제니, 끝없는 격려와 내용에 더 깊이 파고들 수 있도

록 밀어준 것에 감사드립니다. 제 책의 에이전트인 리사에게도 감사드립니다. 그녀 역시 제 마음 깊은 곳에서 두려워하는 걸 알고 있었고, 제가 안주하도록 내버려 두지 않았습니다. 이 책이 존재하는 건 초반 회의에서 제 말에 가치가 있다고 설득했기 때문입니다.

초기 독자들, 존 마크, 케이틀린, 캠리, 몰리, 리사에게 감사드립니다. 초기 버전을 읽어주신 시간(과 프린터 잉크!)에 감사드립니다. 여러분의 생각과 의견이 이 책을 더 나은 방향으로 바꿔주었습니다.

재스퍼 사무실 건물의 존과 데비에게도 정말 감사드립니다. 이 책의 대부분을 쓰기 위해 앉았던 그 칸막이 자리는 제게 신성하게 느껴집니다. 내가 무료로 마신 커피 값만해도 천 달러는 넘을 겁니다.

이렇게 먼 옛날 이야기를 꺼내는 게 어리석게 들릴지 모르지만, 제 글쓰기 방식의 상당 부분은 영어 선생님들 덕분입니다. 메이너드 박사님, 단어 사용법을 가르쳐 주신 방식에 감사드립니다. '동음반복'이라는 단어를 자음 하나하나 두드리며 강조하시고, '동음교차'를 모음 하나하나 만지며 노래하듯 가르쳐 주신 방식에 감사드립니다. 어렵기만 한 문학을 가르치려고만 하지 않으시고, 우리에게 휘트먼을 읽게 하시고 셰익스피어를 연기하게 하셨습니다. 배럿 선생님과 호튼 선생님, 제가 지금처럼 글을 쓸 수 있는 건 선생님들의 날카로운 눈빛 덕분입니다. 영어에 대한 깊은 사랑과

　　　　　저스트 위시 JUST WISH

그 언어를 잘 사용하는 법을 가르쳐 주셨습니다.

공립학교 시스템에 감사드립니다. 제 아이들을 돌봐주신 수많은 시간 덕분에 제가 글을 쓸 시간과 공간을 가질 수 있었으니까요. 선생님들, 여러분께 드리는 제 감사의 마음을 다 표현할 말이 부족합니다.

켄드라에게, 내 책 쓰기 질문에 답해주고 내가 모든 걸 불태우고 싶을 때 평범하게 느끼게 해준 사람.

제스에게. 그녀 없이는 온라인 비즈니스 운영의 모든 물류 업무에 짓눌려 무너졌을 거예요. 제스, 당신은 매일 나를 떠받쳐 주고 응원해 줬어요. NTK 팀에 당신이 있다는 게 얼마나 큰 행운인지 모르겠습니다.

가족 여러분께. 온라인에서 나의 첫 번째 팔로워이자 응원단이 되어 주서서 감사합니다. 여러분은 세상에서 가장 위대한 공동체입니다.

엄마! 엄마는 제가 마음먹은 건 뭐든지 할 수 있다고 믿는 데 한 번도 흔들린 적이 없습니다. 엄마의 격려와 믿음이 아니었다면, 저는 지금쯤 냅 타임 키친을 백 번은 포기했을 겁니다. 지금 제가 온라인에서 사람들에게 보여주는 모습의 대부분은 엄마에게서 온 겁니다. 엄마야말로 진정한 영웅이십니다. 모든 공을 엄마께 돌리게 해줘서 고맙습니다. 아빠, 명함을 만들어 달라고 부탁해줘서 고맙습니다. 친구들에게 명함 나눠주서서 온라인에서 저를 팔로우하게 할 수 있게 해주셨어요. 당신들은 한 번도 내 곁을 떠나지 않았습니다. 사랑하는 법과 사랑받는 법을 가르쳐 주신 두 분께 감사드립니다. 남편 네이트와 제가, 당신들같은 결혼 생활을 한다면 우리는 깊이 축복받은 것이라고 생각할 겁니다.

"바보들"에게: 몰리, 메건, 리사, 린지, 매기, 맥켄지. 너희 없이는 난 완전히 길을 잃었을거야. 내가 바랄 수 있는 최고의 친구가 되어줘서, 초반 챕터를 읽어줘서, 그리고 있는 그대로의 나를 사랑해줘서 고마워. 너희들은 가장 안전한 안식처야. 함께 보내는 순간순간이 항상 부족할 뿐이지. 그리고 나를 웃게 해줘서 고마워. 너희들 덕분에 나는 모성과 인생 전반을 훨씬 가볍게 받아들일 수 있게 됐어. 결국 "웃지 않으면 울게 될 테니까."

지난 9년간 냅 타임 키친을 함께해 주신 모든 분들께: 여러분 덕분에 제가 이 일을 할 수 있었습니다. 수없이 말해왔지만, 저는 진심으로 인터넷에서 가장 친절하고 격려해 주는 커뮤니티를 가지고 있다고 믿습니다. 모든 메시지, 댓글, 이메일에 감사드립니다. 저는 그 모든 것을 소중히 간직하고 있습니다.

존 로버트, 스카우트, 밀리, 앨리에게: 너희 넷과 아빠는 내 세상의 전부야. 이 책을 쓰기로 결정한 상당 부분은 너희가 커서 읽을 수 있는 무언가를 남기고 싶었기 때문이야. 너희가 누구인지, 누구의 자녀인지 깨닫고 깊은 만족감으로 살아가길 간절히 기도해. 꼭 알아두렴, 너희 네 명보다 더 소중한 것을 '그냥 바랄' 수 없다는 걸. 너희는 천국에 가기 전까지 내가 가진 가장 큰 보물이며, 상상했던 것보다 훨씬 큰 기쁨을 내게 선사해 주었어.

그리고 남편 네이트, 어디서부터 말해야 할지 모르겠네. 우린 농담 삼아 당신을 내 "첫 번째 편집자"라고 불렀지만, 그게 바로 당신의 모습이었어. 당신은 가장 초라한 형태의 모든 장을 읽어줬고, 내 산만한 생각들을 모아 일관성 있게 표현할 수 있도록 도와주는 특별한 재능을 가졌어. 기억 속에서 꺼내준 모든 인용구와, 내게 알려준 모든 기사들과 책들에 감사해. 당신 덕분에 이 책은 훨씬 더 나아졌어. 내가 무수히 무너질 때마다 등을 토닥여주고, "조금씩"[1] 해낼 수 있다고 상기시켜줘서 고마워. 집안에서 내가 소홀히 지나친 부분을 늘 너그럽게 감당해 준 것도 고마워. 내가 타이핑에 깊이 몰두할 때면 조용히 책상에 올려놓아주던 수많은 스크램블 에그 그릇도 고맙고. 당신은 내가 꿈꿀 수 있는 최고의 동반자이며, 당신이 직접 글을 쓰기로 마음먹을 때면 반드시 초고를 읽어주겠다고 약속할게!

케이트 스트리클러는 블로그 및 인스타그램 계정 'Naptine Kitchen'의 창립자로, 2016년부터 지금까지 전 세계 수만 명의 여성들과 소통할 수 있는 특권을 누려왔습니다.

가정에서 부엌, 육아에 이르기까지 케이트는 기능적이고 체계적인 시스템을 사랑하며, 이러한 것들이 풍부한 관점과 여유로움과 조화를 이룰 때 가장 효과적임을 잘 알고 있습니다. 아이들을 돌보거나 일하지 않을 때면 그녀는 가장 행복한 장소인 부엌에서 다양한 요리를 실험하며 시간을 보냅니다. 케이트는 남편 네이트와 네 명의 자녀와 함께 사우스캐롤라이나주 찰스턴에서 살고 있습니다.

저스트 위시 JUST WISH

초판 인쇄 | 2026년 4월 13일
초판 발행 | 2026년 4월 13일

지 은 이 | 케이트 스트리클러
옮 긴 이 | 서장혁

펴 낸 이 | 서장혁
펴 낸 곳 | 토마토출판사
주   소 | 서울시 마포구 양화로161 케이스퀘어 727호
T E L | 1544-5383
홈페이지 | www.tomato4u.com
E-mail | story@tomato4u.com
등   록 | 2012. 1. 11.
I S B N | 979-11-92603-89-6 (03190)